月　日

とく点

点／合かく **80**点

1 アルファベットをなぞって，その右に自分で書いて練習しましょう。（16点）1つ2

(1) A

(2) B

(3) C

(4) D

(5) E

(6) F

(7) G

(8) H

順番も
おぼえよう！

2 下のわくの中に，A〜Hのアルファベットはいくつありますか。数を答えましょう。（84点）1つ12

に	E	B	ろ	D	そ	E	B	F	F	D	C
B	も	G	F	ひ	H	あ	D	り	A	し	H
や	C	こ	む	B	い	A	の	H	G	E	D
E	ぬ	A	H	H	E	み	G	B	え	H	G
C	F	G	C	き	F	G	C	へ	D	E	B

（例） A：3こ

(1) B：[　　]こ　(2) C：[　　]こ　(3) D：[　　]こ

(4) E：[　　]こ　(5) F：[　　]こ　(6) G：[　　]こ

(7) H：[　　]こ

アルファベットの練習 ①

1 次のアルファベットを，大文字で書きましょう。

（60点）1つ15

(1) Aの次のアルファベット ＿＿＿＿＿＿

(2) Cの次のアルファベット ＿＿＿＿＿＿

(3) Fの前のアルファベット ＿＿＿＿＿＿

(4) Hの前のアルファベット ＿＿＿＿＿＿

2 次のアルファベットを，正しい順番にならべかえて書きましょう。（40点）

HABDFGCE

答えは111ページ ☞

大文字 I ～ Q （9語）

月　日

とく点

点 ／ 合かく 80点

1 アルファベットをなぞって，その右に自分で書いて練習しましょう。（45点）1つ5

(1) I

(2) J

(3) K

(4) L

(5) M

(6) N

(7) O

(8) P

(9) Q

OとQなど，形がにているものは整理しておぼえよう。

2 下の絵の中から，I～Qのアルファベットを見つけましょう。（55点）1つ5

アルファベットの練習 ②

1 次のアルファベットを，大文字で書きましょう。

（60点）1つ15

(1) Mの次のアルファベット _____

(2) Oの次のアルファベット _____

(3) Lの前のアルファベット _____

(4) Jの前のアルファベット _____

2 次のアルファベットを，正しい順番にならべかえて書きましょう。（40点）

NJPILKQMO

_____

答えは111ページ ☞

大文字 R～Z（9語）

1 アルファベットをなぞって，その右に自分で書いて練習しましょう。（45点）1つ5

(1) R

(2) S

(3) T

(4) U

(5) V

(6) W

(7) X

(8) Y

(9) Z

> 大文字は，すべていちばん上の線から3番目の線までの間に書くよ。

2 R～Zのアルファベットを見つけてぬりつぶし，できあがったアルファベットを答えましょう。（55点）

R	U	Z	Y	W	X	T
A	C	F	S	K	I	H
N	B	Q	Z	P	D	E
F	I	K	T	M	A	B
B	J	E	Y	Q	D	N
C	M	O	R	G	N	C
G	M	A	V	D	O	C
F	I	J	W	B	N	C

答え
_____

アルファベットの練習 ③

1 次のアルファベットを，大文字で書きましょう。

（60点）1つ15

(1) Wの次のアルファベット _____

(2) Tの次のアルファベット _____

(3) Sの前のアルファベット _____

(4) Zの前のアルファベット _____

2 次のアルファベットを，正しい順番にならべかえて書きましょう。（40点）

SVXUZWRYT

_____

答えは111ページ ☞

小文字 a～h （8語）

月　　日

とく点

点／合かく **80**点

1 アルファベットをなぞって，その右に自分で書いて<ruby>練習<rt>れんしゅう</rt></ruby>しましょう。（40点）1つ5

(1) a

(2) b

(3) c

(4) d

(5) e

(6) f

(7) g

(8) h

大文字と形がにているものと，大きくちがうものがあるね。

2 下の絵の中から，a～h のアルファベットを見つけて○でかこみましょう。（60点）1つ6

B d p c S A L b Q f H あ g
あ T え f J U え G F い I w R h
i E a M h j K e N お k D

アルファベットの練習 ④

1 次のアルファベットの大文字を，小文字にして書きましょう。(64点) 1つ8

(1) B ＿＿＿＿＿

(2) H ＿＿＿＿＿

(3) A ＿＿＿＿＿

(4) F ＿＿＿＿＿

(5) E ＿＿＿＿＿

(6) D ＿＿＿＿＿

(7) C ＿＿＿＿＿

(8) G ＿＿＿＿＿

2 次のアルファベットを，正しい順番にならべかえて書きましょう。(36点)

bgacfedh

＿＿＿＿＿＿＿＿＿＿＿＿＿＿＿

答えは112ページ☞

LESSON 9 小文字 i 〜 q （9語）

月　　日

とく点

点／合かく 80点

1 アルフアベットをなぞって，その右に自分で書いて練習しましょう。(45点) 1つ5

(1) i

(2) j

(3) k

(4) l

(5) m

(6) n

(7) o

(8) p

(9) q

> m と n など，形がにているものは注意しておぼえよう。

2 下のわくの中から，小文字の i 〜 q のアルファベットを見つけて○でかこみましょう。(55点) 1つ5

a	Z	F	o	T	m	W	g	A
c	T	i	J	d	H	B	E	c
j	h	N	b	G	f	q	V	U
a	e	Y	D	d	S	X	M	k
l	S	U	n	Z	h	e	T	Q
H	a	L	G	D	Y	R	i	S
F	X	p	u	m	e	H	f	U

> 2つあるアルファベットもあるよ。

英語 算数 社会 理科 国語 答え

9

答えは112ページ ☞

アルファベットの練習 ⑤

1 次のアルファベットの大文字を，小文字にして書きましょう。（64点）1つ8

(1) J ＿＿＿＿＿＿

(2) M ＿＿＿＿＿＿

(3) P ＿＿＿＿＿＿

(4) L ＿＿＿＿＿＿

(5) O ＿＿＿＿＿＿

(6) I ＿＿＿＿＿＿

(7) Q ＿＿＿＿＿＿

(8) K ＿＿＿＿＿＿

2 次のアルファベットを，正しい順番にならべかえて書きましょう。（36点）

nqilpmjko

＿＿＿＿＿＿＿＿＿＿＿＿＿＿＿＿＿＿＿

答えは112ページ ☞

小文字 r ～ z （9語）

1 アルフアベットをなぞって，その右に自分で書いて練習しましょう。（36点）1つ4

(1) r

(2) s

(3) t

(4) u

(5) v

(6) w

(7) x

(8) y

(9) z

2 下のわくの中から，r～zのアルフアベットが順番にならんでいるものを，たて，よこ，ななめから4つ見つけて〇でかこみましょう。（64点）1つ16

r	r	s	t	u	v	w	x	y	z
s	u	s	v	w	x	y	z	y	w
t	t	r	t	u	v	w	y	z	s
u	v	v	t	u	r	x	r	u	r
v	w	s	w	r	v	y	s	r	s
w	x	t	u	y	u	w	u	s	t
x	y	s	v	r	x	z	x	w	u
y	z	r	w	v	u	t	s	y	y
z	r	s	t	u	v	w	x	y	z

アルファベットの練習 ⑥

1 次のアルファベットの大文字を，小文字にして書きましょう。（64点）1つ8

(1) R ＿＿＿＿＿＿

(2) Z ＿＿＿＿＿＿

(3) W ＿＿＿＿＿＿

(4) V ＿＿＿＿＿＿

(5) S ＿＿＿＿＿＿

(6) U ＿＿＿＿＿＿

(7) Y ＿＿＿＿＿＿

(8) T ＿＿＿＿＿＿

2 次のアルファベットを，正しい順番にならべかえて書きましょう。（36点）

txzurvysw

＿＿＿＿＿＿＿＿＿＿＿＿＿＿＿＿＿

答えは112ページ☞

単語

1 単語をなぞって練習しましょう。(48点) 1つ6

(1) ネコ

cat

(2) イヌ

dog

(3) ペン

pen

(4) つくえ

desk

(5) 本

book

(6) 船

ship

(7) リンゴ

apple

(8) ジュース

juice

2 単語のさいしょの文字とそれにつづく部分と，その意味を表す絵を線でつなぎましょう。(52点) 1つ13

b	uice	
a	hip	
s	ook	
j	pple	

1 文をなぞって練習しましょう。(60点) 1つ15

(1) はじめまして。

Nice to meet you.

(2) おはようございます。

Good morning.

(3) こんにちは。

Good afternoon.

(4) さようなら。

Goodbye.

2 次の絵を，内ように合う文と線でつなぎましょう。

(40点) 1つ20

(1)

(2)

・ Nice to meet you.

・ Good morning.

・ Goodbye.

・ Good afternoon.

答えは112ページ ☞

0のかけ算

1 計算をしましょう。(40点) 1つ10

① 5×0　　　　② 2×0

③ 0×7　　　　④ 0×0

2 おはじき入れゲームをしました。

(1) それぞれの点数のところに, お
はじきは何こ入りましたか。下
の表に書きましょう。(20点) 1つ4

0点	2点	4点	6点	8点

(2) 8点のところに入った合計とく点は何点ですか。
(式10点, 答え10点)

(式)

[　　　　]

(3) 0点のところに入った合計とく点は何点ですか。
(式10点, 答え10点)

(式)

[　　　　]

かけ算のきまり

1 右の ● の数をもとめます。

(1) かけ算でもとめましょう。

（式10点，答え10点）

（式）

[　　　　]

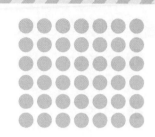

(2) 右のように㋐と㋑に分けて考
えます。それぞれの ● の数を
もとめる式を書きましょう。

（40点）1つ20

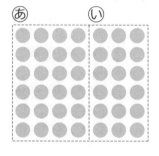

㋐ [　　　　　]

㋑ [　　　　　]

2 □ にあてはまる数を書きましょう。（40点）1つ10

❶ $8 \times 4 = \boxed{} \times 8$

❷ $\boxed{} \times 9 = 9 \times 3$

❸ $3 \times 8 = 3 \times 7 + \boxed{}$

❹ $7 \times 5 = 7 \times \boxed{} - 7$

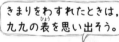

きまりをわすれたときは，
九九の表を思い出そう。

答えは113ページ

わり算 ①

1 15このあめを，3人で同じ数ずつ分けます。

(10点) 1つ5

(1) 1人分をもとめる式を書きましょう。

[　　　　　　　　　]

(2) 1人分は何こになりますか。

[　　　　　　　　　]

2 計算をしましょう。(80点) 1つ10

❶ $20 \div 4$　　　　　❷ $48 \div 6$

❸ $18 \div 3$　　　　　❹ $63 \div 7$

❺ $35 \div 5$　　　　　❻ $16 \div 8$

❼ $24 \div 6$　　　　　❽ $81 \div 9$

3 色紙が32まいあります。8人に同じ数ずつ配ると，1人分は何まいになりますか。(10点)

[　　　　　　　　　]

わり算 ②

1 30このみかんを，5こずつふくろにつめます。

（20点）1つ10

(1) ふくろの数をもとめる式を書きましょう。

[　　　　　　　　]

(2) 何ふくろできますか。

[　　　　　]

2 計算をしましょう。（60点）1つ10

❶ 4÷1

❷ 7÷1

❸ 2÷2

❹ 8÷8

❺ 0÷3

❻ 0÷9

3 6cmのリボンを，1cmずつに切ると，何本になりますか。（式10点，答え10点）

（式）

[　　　　　]

時こくと時間 ①

1 ひろこさんの朝のようすを，右の時計で表しました。（100点）1つ25

起きた時こく

(1) 起きた時こくから，学校に着いた時こくまでの時間は何時間何分ですか。

[　　　　　　　　　　]

(2) 学校に着いてから，１時間目が始まるまでの時間をもとめましょう。

[　　　　　　　　　　]

学校に着いた時こく

(3) １時間目は45分間で終わります。終わる時こくは何時何分ですか。

[　　　　　　　　　　]

１時間目が始まった時こく

(4) ひろこさんは，前の日は午後9時30分にねたそうです。すいみん時間は何時間何分ですか。

[　　　　　　　　　　]

時こくと時間 ②

1 □にあてはまる数を書きましょう。(36点) 1つ12

❶ 1 分 = ☐ 秒 びょう

いちばん速く動く はりが 1 しゅうす ると 1 分だよ。

❷ 140 秒 = ☐ 分 ☐ 秒

❸ 200 分 = ☐ 時間 ☐ 分

2 計算をしましょう。(48点) 1つ12

❶ 3 分 24 秒 + 4 分 40 秒

❷ 4 時間 50 分 − 2 時間 5 分

❸ 8 分 − 25 秒

❹ 7 分 40 秒 − 3 分 50 秒

3 次の時間を, 時間の長いじゅんに, [　]の中に番号 つぎ ばんごう を書きましょう。(16点)

　2 分　　　30 秒　　　1 分 10 秒　　　130 秒

[　　]　　[　　]　　[　　]　　[　　]

答えは113ページ

あまりのあるわり算 ①

1 みかんが 21 こあります。(20点) 1つ10

(1) 6 こずつふくろにつめると，何ふくろできるかを
　　もとめる式^{しき}を書きましょう。

　　　　　　　　　　[　　　　　　　　　　]

(2) ふくろは何ふくろできて，何こあまりますか。

　　　　　[　　　　　　　　　　]

2 計算をしましょう。(80点) 1つ10

❶ 15÷4　　　　　❷ 27÷5

❸ 31÷7　　　　　❹ 41÷6

❺ 56÷9　　　　　❻ 39÷4

❼ 60÷8　　　　　❽ 71÷9

あまりのあるわり算 ②

1 52まいのトランプで，ゲームをします。 (40点) 1つ20

(1) 6人で同じ数ずつ分けると，1人分は何まいになって，何まいあまりますか。

[　　　　　　　　　　　　]

(2) 9人で同じ数ずつ分けると，1人分は何まいになって，何まいあまりますか。

[　　　　　　　　　　　　]

2 わり算の答えのまちがいをなおしましょう。

(40点) 1つ20

❶ 34÷5＝5 あまり 9

❷ 43÷7＝5 あまり 8

3 50このボールを全部箱につめます。1つの箱には8こまで入ります。箱は何箱いりますか。(20点)

[　　　　　]

答えは114ページ ☞

たし算の筆算 ①

1 筆算で計算しましょう。（84点）1つ14

① 152+216　② 203+311　③ 783+140

④ 317+223　⑤ 853+471　⑥ 498+207

2 おり紙を，ゆうなさんは 217 まい，ひなたさんは 403 まい持っています。2人のおり紙をあわせると，何まいになりますか。（16点）

[　　　　　]

たし算の筆算 ②

月　日　とく点　点／合かく80点

1 筆算で計算しましょう。（40点）1つ20

❶ 1745＋6159　　❷ 3752＋2487

2 □ にあてはまる数を書きましょう。（40点）1つ20

❶
```
  □ 2 3
+   3 1 □
───────
  □ 2 3 8
```

❷
```
  4 □ 5
+   2 6 □
───────
  □   4 4
```

3 赤いおはじきが786こ，青いおはじきが429こあります。おはじきは全部で何こありますか。

（20点）

[　　　　　]

ひき算の筆算 ①

1 筆算で計算しましょう。(84点) 1つ14

❶ 726−212　❷ 356−114　❸ 869−308

❹ 726−701　❺ 324−118　❻ 543−129

2 さいふには 487 円入っています。243 円のクッキーを買うと, のこりは何円になりますか。(16点)

[　　　　　]

ひき算の筆算 ②

月　日
とく点
点／合かく80点

1 筆算で計算しましょう。(75点) 1つ15

❶ 336 − 172　　❷ 703 − 126　　❸ 300 − 179

❹ 3245 − 1183　　　❺ 6821 − 1549

2 406 ページの本があります。178 ページ読むと，のこりは何ページですか。(25点)

[　　　　　　　]

答えは114ページ ☞

1 ☐にあてはまる数を書きましょう。（60点）1つ20

km を m で表そう。

① 1 km = ☐ m

② 2480 m = ☐ km ☐ m

③ 4 km 15 m = ☐ m

2 右の地図を見て、答えましょう。（40点）1つ20

(1) 学校を出て、図書館の前を通って、家に帰ると、道のりはどれだけですか。

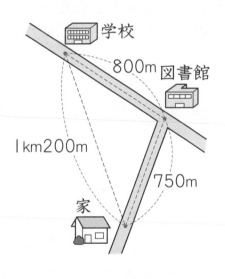

学校
800m 図書館
1km200m
750m
家

[　　　　　　]

(2) (1)の道のりと、学校から家までのきょりとのちがいはどれだけですか。

[　　　　　　]

円と球

1 下の図で, ㋐〜㋒を円の何といいますか。（45点）1つ15

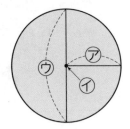

㋐ [　　　　]

㋑ [　　　　]

㋒ [　　　　]

2 次の長さをもとめましょう。（30点）1つ15

① 半径 12 cm の円の直径　　　[　　　　]

② 直径 18 cm の球の半径　　　[　　　　]

3 右の図のように, 同じ大きさのボールが, つつの中にぴったりと入っています。このつつの高さは 24 cm です。このボールの半径は何 cm ですか。（25点）

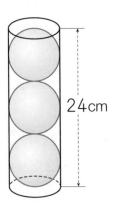

24cm

[　　　　]

答えは115ページ ☞

1 コンパスを使って，次の図の中から，二等辺三角形と正三角形を全部見つけて，記号で答えましょう。

(50点) 1つ25

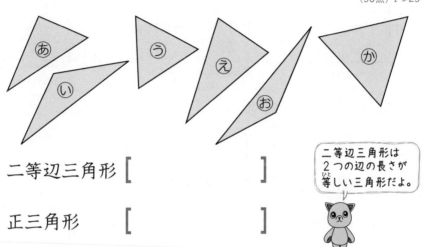

二等辺三角形 [　　　　　　　　　　　]

正三角形　　　[　　　　　　　　　　　]

二等辺三角形は
2つの辺の長さが
等しい三角形だよ。

2 次の三角形をかきましょう。(50点) 1つ25

❶ 辺の長さが3cm,
3cm, 5cmの二等
辺三角形

❷ 1つの辺の長さが
4cmの正三角形

三角形と角 ②

月　　日
とく点
点／合かく 80点

1 次の三角形の名前を書きましょう。（30点）1つ10

❶

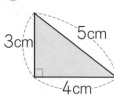
3cm
5cm
4cm

❷

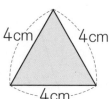
4cm
4cm
4cm

❸

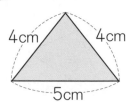
4cm
4cm
5cm

[　　　　　] [　　　　　] [　　　　　　]

2 右の図の�垂～㋐の名前を書き
ましょう。（40点）1つ10

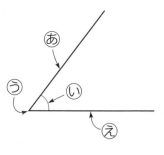

�垂[　　　　] ㋑[　　　　]

㋒[　　　　] ㋐[　　　　]

3 下の図で, 角の小さいじゅんに, 番号を書きましょ
う。（30点）

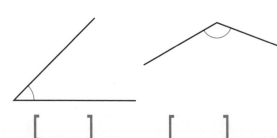

[　] [　] [　]

答えは115ページ☞

かけ算の筆算 ①

1 計算をしましょう。(40点) 1つ10

① 30×3　　　② 20×6

③ 40×5　　　④ 70×4

2 筆算で計算しましょう。(60点) 1つ10

① 13×3　　② 11×7　　③ 34×2

④ 42×3　　⑤ 53×2　　⑥ 72×4

かけ算の筆算 ②

1 筆算で計算しましょう。(84点) 1つ14

❶ 14×6　　❷ 47×2　　❸ 24×4

❹ 34×3　　❺ 73×8　　❻ 54×5

2 あめが，1ふくろに23こ入っています。7ふくろ分では，あめは全部で何こになりますか。(16点)

[　　　　]

答えは115ページ☞

かけ算の筆算 ③

1 計算をしましょう。(40点) 1つ10

❶ 400×2

❷ 300×4

❸ 500×3

❹ 200×5

2 筆算で計算しましょう。(60点) 1つ10

❶ 132×3

❷ 221×4

❸ 423×3

❹ 124×4

❺ 210×6

❻ 206×2

かけ算の筆算 ④

1 筆算で計算しましょう。（84点）1つ14

❶ 413×6　　❷ 642×4　　❸ 371×5

❹ 408×3　　❺ 543×4　　❻ 487×3

2 198円のおかしを5こ買いました。代金は何円ですか。（16点）

[　　　　　]

答えは116ページ☞

1億までの数

1 次の数を漢字で書きましょう。（10点）

7062986　[　　　　　　　　　]

2 次の数を数字で書きましょう。（30点）1つ15

① 三百七十二万五千六百八　[　　　　　　　]

② 一万を26こ，千を8こ，百を3こあわせた数

[　　　　　　　]

3 ⬜にあてはまる数を書きましょう。（40点）1つ10

0　10000　20000　30000　40000　50000

① ②

6000万　7000万　8000万　9000万

③ ④

4 5400を100倍した数，10でわった数を書きましょう。（20点）1つ10

100倍した数[　　　]　10でわった数[　　　]

大きい数のわり算

1 計算をしましょう。(84点) 1つ14

❶ $90 \div 3$　　　❷ $80 \div 4$

❸ $60 \div 6$　　　❹ $48 \div 4$

❺ $68 \div 2$　　　❻ $93 \div 3$

2 36人の子どもが同じ人数ずつ3列(れつ)にならびました。1列には何人の子どもがならびましたか。(16点)

[　　　　　　]

かけ算の筆算 ⑤

1 計算をしましょう。(40点) 1つ10

❶ 20×10

❷ 40×20

❸ 30×40

❹ 50×60

2 筆算で計算しましょう。(60点) 1つ10

❶ 23×12

❷ 31×24

❸ 27×15

❹ 32×28

❺ 72×34

❻ 85×28

かけ算の筆算 ⑥

1 筆算で計算しましょう。（80点）1つ20

① 348×23

② 608×40

③ 413×56

④ 854×24

2 3年1組の人数は34人です。118円のサインペンを全員に1本ずつ買うことにします。代金は何円になりますか。（20点）

[　　　　　]

答えは117ページ ☞

重さ

1 1kg 800gをさすように，2つのはかりに，はりを↑でかき入れましょう。(30点) 1つ15

❶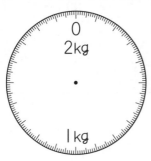

❷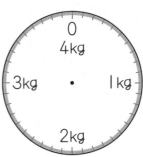

2 ☐ にあてはまる数を書きましょう。(40点) 1つ10

❶ 1kg = ☐ g

❷ 3kg 400g = ☐ g

重さのたんいの関係をおぼえておこう。

❸ 5t = ☐ kg

❹ 14000kg = ☐ t

3 計算をしましょう。(30点) 1つ15

❶ 3kg 300g + 1kg 700g

❷ 5kg − 3kg 500g

小　数 ①

1 水のかさは何 L ですか。小数で表しましょう。

（40点）1つ20

❶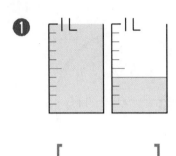

［　　　　　　］

❷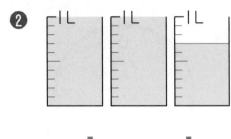

［　　　　　　］

2 テープの長さは何 cm ですか。小数で表しましょう。（20点）

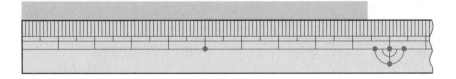

［　　　　　　］

3 次の小数を，下の数直線に↑で表しましょう。

（40点）1つ10

❶ 0.3　　　❷ 0.9　　　❸ 1.1　　　❹ 1.7

答えは117ページ

小　数 ②

1 □にあてはまる数を書きましょう。(30点) 1つ10

(1) 0.5 は，□ を 5 こ集めた数です。

(2) 1.2 は，0.1 を □ こ集めた数です。

(3) 0.1 を 23 こ集めた数は，□ です。

2 □の中に，あてはまる不等号を書きましょう。

(40点) 1つ10

❶ 0.4 □ 0.7　　❷ 2.5 □ 2

❸ 1.1 □ 0.9　　❹ 3.2 □ 4.2

3 計算をしましょう。(30点) 1つ5

❶ 0.3+0.2　❷ 1+0.5　❸ 0.8+0.9

❹ 1.8−0.6　❺ 1−0.2　❻ 1.7−1

小　数 ③

1 筆算で計算しましょう。(60点) 1つ10

① 2.4＋1.5　　② 1.1＋1.9　　③ 1.3＋12

④ 7.8－2.6　　⑤ 4.5－2.8　　⑥ 3－1.8

2 3.2ｍのテープと，1.8ｍのテープがあります。

(40点) 1つ20

(1) 2本のテープをあわせると，何ｍになりますか。

[　　　　　]

(2) 2本のテープの長さのちがいは，何ｍですか。

[　　　　　]

答えは117ページ ☞

分 数 ①

1 水のかさは何 L ですか。分数で表しましょう。

(45点) 1つ15

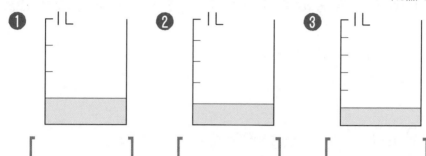

[　　　　] 　 [　　　　] 　 [　　　　]

2 次の水のかさだけ, 色をぬりましょう。(45点) 1つ15

❶ $\dfrac{4}{7}$ L 　 ❷ $\dfrac{5}{8}$ L 　 ❸ $\dfrac{5}{6}$ L

3 分数の上の部分と下の部分のよび方を, それぞれ [ ]に書きましょう。

(10点) 1つ5

$\dfrac{2}{3}$ ←[　　　　]
←[　　　　]

分 数 ②

1 □にあてはまる数を書きましょう。（40点）1つ10

(1) １ｍを４等分した１つ分の長さを，分数で表すと，

□ ｍになります。

(2) $\frac{5}{7}$ ｍは，□ ｍの５つ分の長さです。

(3) $\frac{1}{8}$ を □ つ集めると１になります。

(4) 分母が５で，$\frac{3}{5}$ より小さい分数は，□ と □

です。

2 □の中に，あてはまる等号や不等号を書きましょう。（60点）1つ15

❶ $\frac{1}{3}$ □ $\frac{2}{3}$　　　　❷ $\frac{7}{7}$ □ １

❸ $\frac{2}{2}$ □ $\frac{1}{2}$　　　　❹ $\frac{7}{10}$ □ 0.7

答えは118ページ ☞

分 数 ③

1 計算をしましょう。(84点) 1つ14

① $\dfrac{1}{7} + \dfrac{1}{7}$　　② $\dfrac{3}{6} + \dfrac{2}{6}$　　③ $\dfrac{6}{9} + \dfrac{3}{9}$

④ $\dfrac{3}{5} - \dfrac{1}{5}$　　⑤ $\dfrac{4}{8} - \dfrac{1}{8}$　　⑥ $1 - \dfrac{2}{3}$

2 $\dfrac{1}{4}$ L のジュースと $\dfrac{2}{4}$ L のジュースをあわせると，全部で何 L になりますか。(16点)

[　　　　　]

□を使った式

1 次の図を見て，[　]にあてはまることばを書きましょう。（20点）1つ10

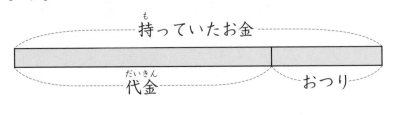

[　　　　　　　]−[　　　　　　　]＝おつり

2 □にあてはまる数を書きましょう。（60点）1つ15

❶ 18＋□＝47

❷ □−36＝25

❸ 7×□＝56

❹ 12÷□＝3

3 ケーキが同じ数ずつ入っている箱が7こあり，ケーキの数は全部で28こです。1箱のケーキの数を□として式を書き，1箱のケーキの数をもとめましょう。（式10点，答え10点）

（式）

[　　　　]

答えは118ページ ☞

表とグラフ ①

1 ３年１組で，すきな動物を調べました。

(1) 下の表に表しましょう。（50点）1つ10

すきな動物調べ

動　物	人数(人)
パンダ	
い　ぬ	
きりん	
コアラ	
ね　こ	

(人)
すきな動物調べ

10

5

0

パンダ	いぬ	きりん	コアラ	ねこ

(2) ぼうグラフに表しま
しょう。（50点）1つ10

表とグラフ ②

1 下の表は，ある学校の３年生の４月から７月までのけがをした人数を表したものです。（100点）1つ25

月 しゅるい	４月	５月	６月	７月
すりきず	4	7	6	5
切りきず	3	4	2	3
打ぼく	1	1	2	0
ねんざ	1	2	0	2

表から読みとって答えよう。

(1) 何月のどんなけがが，いちばん多いですか。

[　　　　　　　　　　　　]

(2) けががいちばん多い月は何月で，何人ですか。

[　　　　　　　　　　　　]

(3) けががいちばん少ない月は何月で，何人ですか。

[　　　　　　　　　　　　]

(4) いちばん多いけがは，どんなけがで何人ですか。

[　　　　　　　　　　　　]

答えは118ページ☞

1 まちの絵地図をつくるために，たんけん計画を立てました。たんけんに持って行くもの2つに○をつけましょう。（40点）1つ20

① ノート　　[　　　]

② ハーモニカ　　[　　　]

③ なわとびのなわ [　　　]

④ カメラ　　[　　　]

2 右の方位じしんを見て，①〜④の方位を書きましょう。（60点）1つ15

① [　　　]　　**②** [　　　]

③ [　　　]　　**④** [　　　]

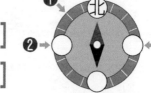

絵地図 ②

1 友だちはどこにいるでしょうか。下の絵地図を見て，建物やしせつの名まえを書きましょう。

（100点）1つ25

北に市役所，東に寺があるよ。

駅から北に歩いて，2つ目の角を東に曲がった左側だよ。

❶ [　　　　　　　] 　　❷ [　　　　　　　]

北に公園，南に駅があるよ。

東にコンビニエンスストア，西にゆうびん局があるよ。

❸ [　　　　　　　] 　　❹ [　　　　　　　]

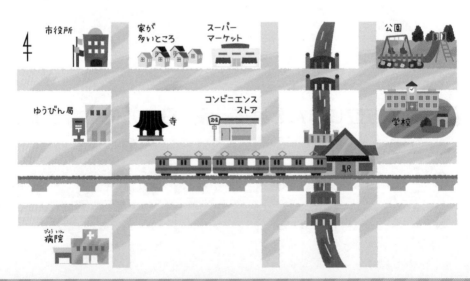

答えは119ページ ☞

地図記号

1 次の地図記号は，何を表していますか。右から合うものをえらび，線でむすびましょう。(70点) 1つ7

① 卍 ・　　　　　　　　・ 温せん

② 血 ・　　　　　　　　・ 交番

③ ♨ ・　　　　　　　　・ 市役所

④ ✕ ・　　　　　　　　・ 寺

⑤ 📖 ・　　　　　　　　・ ゆうびん局

⑥ Y ・　　　　　　　　・ 博物館

⑦ ∨ ・　　　　　　　　・ 畑

⑧ ◎ ・　　　　　　　　・ 消ぼうしょ

⑨ ○ ・　　　　　　　　・ 図書館

⑩ ⊖ ・　　　　　　　　・ かじゅ園

2 地図記号を □ の中にかきましょう。(30点) 1つ10

① 学校　　　　② 田　　　　③ 工場

わたしたちの市のようす

1 右の地図を見て，問いに答えましょう。

(1) 満願寺山から見て，交番はどの方角にありますか。(20点)

[　　　　]

■ 高い建物

(2) 地図中の ⌂ の地図記号は，何を表していますか。(20点)

[　　　　]

(3) 満願寺山のしゃ面には，どんなしせつがありますか。どちらか正しい記号をえらびましょう。(20点)

[　　　　]

山にある地図記号は何かな？

ア 寺　**イ** 工場

(4) 地図を見てわかることとして，正しいものには○，まちがいには×をつけましょう。(40点) 1つ20

① 川の近くに田が見られる。

[　　　　]

② 南東の地いきより，北西の地いきの方が高い。

[　　　　]

農家の仕事 ①

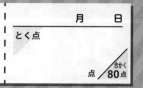

1 図を見て，問いに答えましょう。

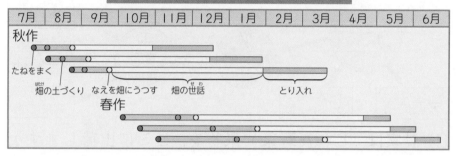

ある農家のキャベツづくりのカレンダー

(1) 春作・秋作のキャベツは，それぞれ何月〜何月にた
ねをまいていますか。(50点) 1つ25

春作 [　　月〜　　月]　秋作 [　　月〜　　月]

(2) 図を見てわかることを，ア〜ウから1つえらびま
しょう。(25点)　　　　　　　　　　[　　]

ア たねまきととり入れが重なるときはない。

イ 畑の土づくりは，なえを畑にうつしてから行う。

ウ 春作も秋作も，少しずつ時期をずらして3回た
ねをまいている。

(3) 右の絵のような，風や雨，寒さ
をふせぐ場所でなえが育てら
れています。何といいますか。

[　　　　　　　　　]　(25点)

農家の仕事 ②

月　　日

とく点

点／80点 合かく

1　図を見て，問いに答えましょう。

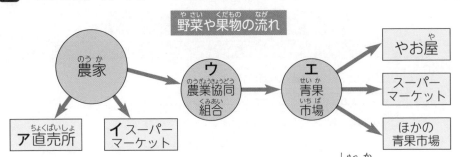

野菜や果物の流れ

農家

ウ 農業協同組合

エ 青果市場

ア 直売所

イ スーパーマーケット

やお屋

スーパーマーケット

ほかの青果市場

(1) 農家は，とれた野菜や果物を，どこに出荷しますか。2つ書きましょう。（40点）1つ20

[　　　　　　　][　　　　　　　]

(2) 農家からあずかった作物を高く売れるところにまとめて売りさばく仕事をしているところを，図中のア～エから1つえらびましょう。（20点）[　　　]

(3) 青果市場はどんなところですか。ア～エから2つえらびましょう。（40点）[　　・　　]

ア　店の人たちが，野菜や果物を仕入れにくるところ。

イ　肉や魚なども取りあつかっているところ。

ウ　家の人がちょくせつ買い物をするところ。

エ　いろいろな地いきから，野菜や果物が集まってくるところ。

答えは120ページ ☞

工場の仕事 ①

1 ささかまぼこ工場の図を見て，問いに答えましょう。

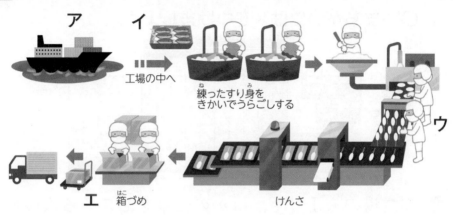

ア

イ

工場の中へ

練ったすり身を
きかいでうらごしする

ウ

エ　箱づめ

けんさ

(1) ①～③の文と関係の深いものを，図の**ア～エ**から
１つずつえらびましょう。（60点）1つ20

① かまぼこの形にして，ねつをくわえる。　[　　　]

② さばいた身を，きかいで練り合わせる。　[　　　]

③ 原料は，外国から運んでくる。　[　　　]

(2) 次の文は，工場ではたらく人の話です。[　]にあ
てはまることばを，**ア～エ**から１つずつえらびま
しょう。（40点）1つ10

工場に入るときは，[①　　　]な服や[②　　　]
に着がえています。[③　　　]をあらい，エアー
シャワーなどで服の[④　　　]を取っています。

ア せいけつ　　**イ** 手　　**ウ** ほこり　　**エ** ぼうし

工場の仕事 ②

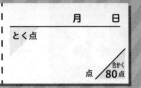

1 グラフから読み取れることとして正しいものには
〇，まちがいには×をつけましょう。（60点）1つ15

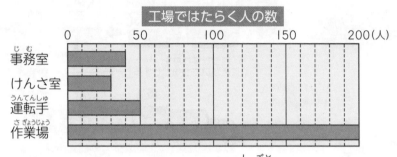

工場ではたらく人の数

0　　　50　　　100　　　150　　　200(人)

事務室
けんさ室
運転手
作業場

❶ 作業場の人よりも，ほかの仕事をしている人の合
計の方が多い。　　　　　　　　　　　　[　　　]

❷ 作業場の人は，運転手の4倍いる。　[　　　]

❸ けんさ室の人は20人いる。　　　　 [　　　]

❹ 工場には合計320人がはたらいている。[　　　]

2 かまぼこ工場の研究室と事務室ではどんな仕事を
していますか。ア～エから1つずつえらびましょ
う。（40点）1つ20

❶ 研究室　　[　　　]　　❷ 事務室　　　[　　　]

ア かまぼこの原料の注文をしている。

イ おいしいかまぼこをつくる研究をしている。

ウ かまぼこをきかいでほうそうしている。

エ 色や形などが正しいか調べている。

答えは120ページ ☞

1 次の文の[ ]にあてはまることばを，あとの**ア**〜**ウ**からえらびましょう。(20点) 1つ10

　　スーパーマーケットは，車で買いに来られるように [**❶**　　　] をもうけたり，安く売る日や安い品物がわかるようにちらしで [**❷**　　　] しています。

ア ちゅう車場　　**イ** 売り場　　**ウ** せんでん

2 次の地図は，東京に品物が集まってくるようすを表しています。問いに答えましょう。

(1) 東京に運ばれてくるりんごの産地を2つ書きましょう。(40点) 1つ20

[　　　　　　]

[　　　　　　]

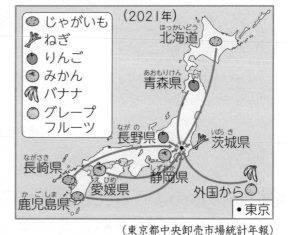

(2021年)

じゃがいも
ねぎ
りんご
みかん
バナナ
グレープフルーツ

北海道
青森県
長野県
茨城県
長崎県
静岡県
愛媛県
鹿児島県
外国から
•東京

(東京都中央卸売市場統計年報)

(2) 外国から運ばれてくる品物を2つ書きましょう。(40点) 1つ20

[　　　　　][　　　　　][　　　　　]

店ではたらく人びと

1 表にある❶〜❹の店の説明を，あとのア〜エから１つずつえらびましょう。(80点) 1つ20

いろいろな店	
❶近所の店 [　]	❷デパート [　]
❸商店がい [　]	❹いどうはんばい車 [　]

ア 顔見知りなので話をしながら買い物ができる。

イ 買いに行かなくても家の近くまで来てくれる。

ウ アーケードなどで１つにまとまっている。

エ 洋服やくつなど，多くの品物をあつかっている。

店のちがいをかくにんしよう！

2 右の絵のような，ごみをへらすために，空きかんなどを回しゅうするコーナーを何といいますか。(20点)

[　 　 　 　]

答えは121ページ ☞

LESSON 59 火事をふせぐ

月　日

とく点

点 / 合かく 80点

1 図を見て，問いに答えましょう。

火事のれんらくのしくみ

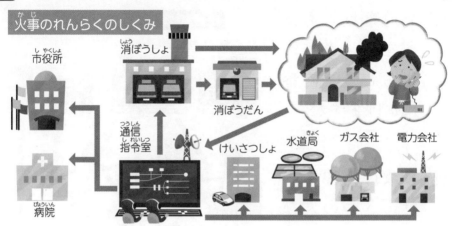

市役所　消ぼうしょ

消ぼうだん

通信指令室　けいさつしょ　水道局　ガス会社　電力会社

病院

(1) 火事の通ほうを受けるところはどこですか。（20点）

[　　　　　　　　　　　　　　]

(2) げん場で消火活動をするところを2つ書きましょう。（40点）1つ20

[　　　　　　　] [　　　　　　　]

(3) 地いきの消ぼうだんの仕事を，次の①〜④から2つえらんで○をつけましょう。（40点）1つ20

① 地いきの消ぼうせつびの点けんをする。[　　　　]

② けがをした人の手じゅつを行う。[　　　　]

③ 交通じゅうたいをなくすために車と人の整理を行う。[　　　　]

④ 火の用心を地いきの人によびかける。[　　　　]

英語｜算数｜社会｜理科｜国語｜答え　　59　　答えは121ページ ☞

交通事故をふせぐ

1 図を見て，問いに答えましょう。

(1) 交通事故の通ほうをけいさつにするとき，何番にかけますか。

[　　　　　] (20点)

交通事故のれんらくのしくみ

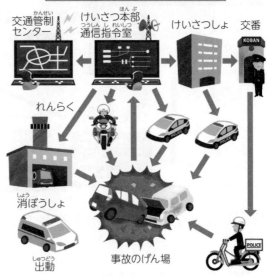

交通管制センター　けいさつ本部 通信指令室　けいさつしょ　交番　KOBAN

れんらく

消ぼうしょ

出動　事故のげん場　POLICE

(2) 事故げん場で，けいさつの人びとはどんな仕事をしていますか。正しいものには○を，まちがいには×をつけましょう。(60点) 1つ20

けいさつの人が何の仕事をしているか考えよう。

① けがをした人を，救急車で運ぶ。[　　　　　]

② 事故にあった人の話を聞く。[　　　　　]

③ 事故げん場の交通整理をする。[　　　　　]

(3) 地いきの学校や自治会でつくられる，あぶない場所や安全な場所をしめしている地図を何といいますか。(20点)

[　　　　　]

答えは121ページ ☞

市のようすのうつりかわり

1 次の昔と今の市のようすを見て，正しいものには〇，まちがいには×をつけましょう。(80点) 1つ20

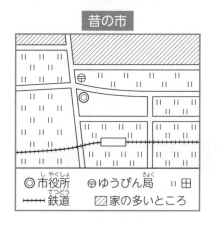

昔の市

◎ 市役所　　⊕ ゆうびん局　　॥ 田
┼┼┼ 鉄道　　▨ 家の多いところ

今の市

◎市役所　⊕ゆうびん局　✚病院
✕ 学校　　□図書館　　┼┼┼┼ 鉄道
▨ 家の多いところ　▥ 店の多いところ

❶ 昔も今も，市役所の近くに病院がある。　　[　　　　]

❷ 昔の市には図書館がない。　　　　　　　　[　　　　]

❸ 昔も今も，市には田が広がっている。　　　[　　　　]

❹ 昔は電車が東西に走っていた。　　　　　　[　　　　]

2 市が市民のみんなからお金を集めてたてたしせつを，次のア～エから１つえらびましょう。(20点)

[　　　　]

ア　スーパーマーケット　　　イ　工場
ウ　コンビニエンスストア　　エ　博物館

くらしのうつりかわり

1 使(つか)われ始(はじ)めた順番(じゅんばん)にならべた道具(どうぐ)の絵を見て，あ〜うの道具の名まえを書きましょう。(60点) 1つ20

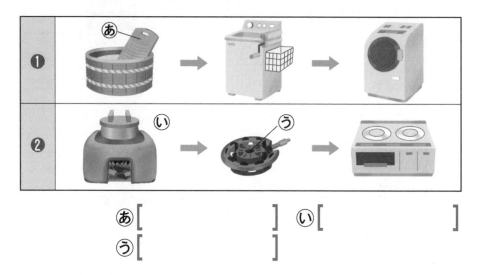

あ[　　　　　]　い[　　　　　]

う[　　　　　]

2 次(つぎ)の年表(ねんぴょう)を見てわかることとして，正しいものには○，まちがいには×をつけましょう。(40点) 1つ20

東大阪市(ひがしおおさか)のできごと

年代	できごと
1950年代(ねんだい)	水やガスが使われ始める。
1960年代	３つの市が合ぺいして東大阪市が生まれる。
1970年代	第１回(だい)ふれあい祭(まつ)りが行われる。

1 東大阪市は，1950年代に生まれた。　[　　]

2 第１回ふれあい祭りは，1970年代に行われた。[　　]

答えは121ページ ☞

植物のたねをまこう

月　日

とく点

点／合かく 80点

1 次の問いに答えましょう。

(1) 次の**ア〜エ**を, ヒマワリのたねをまいて世話をする
じゅんになるようにならべましょう。（20点）

ア あなをあけて, たねを入れる。

イ 土を少しかけて, 水をやる。

ウ ビニルポットなどの入れものに土を入れる。

エ 土がかわかないようにときどき水をやる。

[　　→　　　→　　　→　　]

(2) ホウセンカのた
ねまきをカード
に記ろくしまし
た。①〜④に書
いた内ようを,
次の**ア〜エ**から
１つずつえらび
ましょう。（80点）1つ20

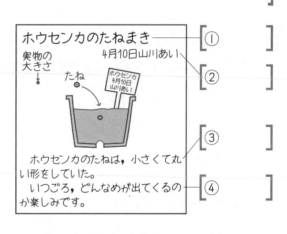

ホウセンカのたねまき ── [①]

4月10日山川あい ── [②]

実物の
大きさ
↓

たね

ホウセンカ
4月10日
山川あい

── [③]

ホウセンカのたねは, 小さくて丸
い形をしていた。

いつごろ, どんなめが出てくるの ── [④]
か楽しみです。

ア 日づけと名まえ

イ 調べたこと(題名)

ウ 思ったこと

エ 調べたことや気づいたこと

気づいたことと
思ったことは
分けて書こう。

植物のつくり

1 次の図は，ヒャクニチソウとホウセンカです。図の❶〜❸の部分の名まえを[　]に書きましょう。

（45点）1つ15

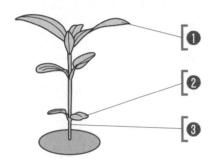
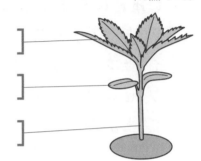

❶ [　　　]　　　[　　　]

❷ [　　　]　　　[　　　]

❸ [　　　]　　　[　　　]

2 右下の図は，植物のからだのつくりをかんたんにかいたものです。次の問いに答えましょう。

(1) 図の①〜③の部分の名まえを[　]に書きましょう。

（45点）1つ15

[①　　　　　]

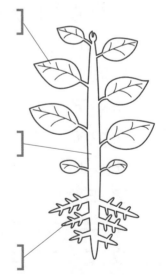

(2) 図の①〜③のうち，ふつう，土の中にあり，緑色をしていない部分はどれですか。（10点）

[②　　　　　]

[③　　　　　]

[　　　　]

答えは122ページ☞

こん虫を育てよう

1 次の図は，モンシロチョウが育つようすです。あとの問いに答えましょう。

ア　　　　　イ　　　　　ウ　　　　　エ

(1) 上の**ア〜エ**のときのすがたを何といいますか。
(40点) 1つ10

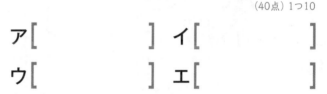

ア[　　　　　　] イ[　　　　　　]

ウ[　　　　　　] エ[　　　　　　]

(2) 上の**ア〜エ**をモンシロチョウが育つじゅんにならべましょう。(20点)

[　　　→　　　→　　　→　　　]

(3) アブラナやキャベツの葉を食べるのは，上の**ア〜エ**のどのすがたのときですか。(20点)　　　[　　　]

2 次の[ ]に入ることばを書きましょう。(20点) 1つ10

モンシロチョウのせい虫は，キャベツの葉のうらなどに[❶　　　　　]色のたまごをうむ。たまごは，かえる前に色が[❷　　　　　]なる。

こん虫を調べよう

1 次のチョウとトンボのからだのつくりについて，あとの問いに答えましょう。

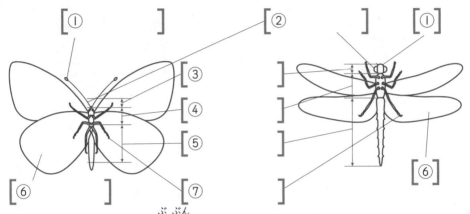

[①　　　　] 　　　　[②　　　　] 　　[①]

[③]

[④]

[⑤]

[⑥　　　　] 　　　　　　[⑦] 　　　　[⑥]

(1) 図の①～⑦の部分の名まえを[　]に書きましょう。

（70点）1つ10

(2) 図の⑦は，何本ありますか。（10点）　　　[　　　]本

(3) チョウやトンボのようななかまを，何といいますか。（10点）　　　　　　　　　[　　　　　]

(4) トンボの育つじゅんを，次の**ア～オ**からえらびましょう。（10点）　　　　　　　[　　　]

　ア たまご→せい虫

　イ たまご→よう虫→せい虫

　ウ たまご→さなぎ→せい虫

　エ たまご→よう虫→さなぎ→せい虫

　オ たまご→さなぎ→よう虫→せい虫

答えは122ページ ☞

1 次の問いに答えましょう。

(1) 次の①〜⑤の生き物のおもな食べ物は何ですか。
右の**ア〜オ**からえらび，線でむすびましょう。
(50点) 1つ10

① ダンゴムシ　　・　　・**ア** 花のみつ

② オオカマキリ・　　・**イ** 葉

③ カタツムリ　　・　　・**ウ** おち葉

④ コクワガタ　　・　　・**エ** ほかのこん虫

⑤ アゲハ　　　　・　　・**オ** 木のしる

(2) すみかが水中の生き物を，次の**ア〜エ**からえらび
ましょう。(10点)　　　　　　　　　　　[　　　]

ア クモ　　　　　**イ** やご(トンボのよう虫)
ウ コオロギ　　　**エ** ツバメ

2 次の[　]に入ることばを書きましょう。(40点) 1つ20
　　植物は，タンポポやサクラなど[❶　　　　　　　]
によって，色や形，大きさなどがそれぞれちがって
いる。
　　動物も[❶]によって，形や色，大きさなどがそれ
ぞれちがっている。また，[❶]によって，食べ物や
[❷　　　　　　　]もちがっている。

花と実

1 次の図は，花がさき，その後，植物の実ができるようすを表したものです。これについて，あとの問いに答えましょう。

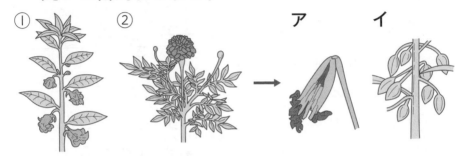

①　　②　　　　ア　　イ

(1) ①，②の植物の名まえを書きましょう。(20点) 1つ10

① [　　　　　　] ② [　　　　　　]

(2) ①，②はその後，それぞれ**ア・イ**のどちらのようになりますか。(20点) 1つ10　　① [　　] ② [　　]

2 次の[　]に入ることばをあとの**ア～オ**からえらびましょう。ただし，同じ記号をくり返し使ってもかまいません。(60点) 1つ20

植物は，１つの[❶　　　　]から育ち，花がさいてから[❷　　　　]ができたあと，かれてしまう。
[❷]の中には[❸　　　　]ができる。

ア 根　**イ** 葉　**ウ** 実　**エ** たまご　**オ** たね

太陽のいちのかわり方

1 図のように，方位じしんのはりが止まりました。次の問いに答えましょう。

(1) 図のとき，①と②の方位は何ですか。（20点）1つ10

①[　　　] ②[　　　]

(2) 図のとき，文字ばんを回して，どの文字をはりの色のついたほうに合わせればよいですか。（20点）

[　　　]

2 ある日の午前9時，正午，午後3時に，運動場で太陽とぼうのかげのいちを調べました。（60点）1つ10

(1) 図の①〜③の太陽は，それぞれ何時に見えた太陽ですか。

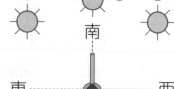

かげは太陽の光がさえぎられるとできるよ。

①[　　　　]

②[　　　　]

③[　　　　]

(2) 図の①〜③のそれぞれの時こくに見えたぼうのかげをア〜ウからえらびましょう。

①[　　　] ②[　　　] ③[　　　]

日なたと日かげ

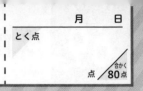

1 温度計の使い方について，次の問いに答えましょう。

(1) 温度計の目もりはどの向きから読みますか。右の図のア～ウからえらびましょう。(20点)

[　　　]

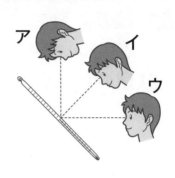

(2) 右の図の①，②のとき，温度は何℃ですか。(20点) 1つ10

目もりを読むときは目の高さをえきの先に合わせよう。

①[　　　]℃

②[　　　]℃

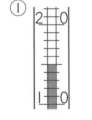
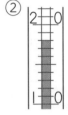

2 12月のある晴れた日，午前9時30分と正午に，日なたと日かげの地面の温度をはかりました。表の[　]に入る温度を，6℃，8℃，15℃からえらびましょう。(60点) 1つ20

	地 面 の 温 度	
	午前9時30分	正　午
日 な た	7℃	[❶　　　]
日 か げ	[❷　　　]	[❸　　　]

答えは123ページ ☞

1 3まいのかがみを使って日光をはね返し，かべにあてました。次の問いに答えましょう。(40点) 1つ20

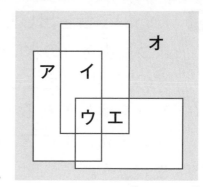

(1) **イ**と同じ明るさのところはどこですか。**ア, ウ, エ, オ**からえらびましょう。　　　　　[　　　]

(2) **ア〜オ**のうち，いちばんあたたかいところはどこですか。　　　　　[　　　]

2 虫めがねを通った日光を紙の上に集めました。紙にあたった光について，あとの❶，❷は図の**ア〜ウ**のどれを説明したものですか。(60点) 1つ30

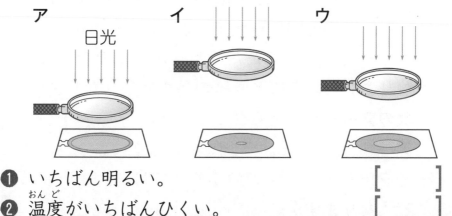

ア　　日光
イ
ウ

❶ いちばん明るい。　　　　　[　　　]
❷ 温度がいちばんひくい。　　[　　　]

音について調べよう

1 たたいて音を出した音さを，図のように水そうの水に近づけました。次の問いに答えましょう。(40点) 1つ20

音さ

水そう　　水

(1) 音さを水に入れると，水はどうなりますか。次の**ア・イ**からえらびましょう。　　　[　　　　]

　ア 水しぶきが上がる。　　**イ** かわらない。

(2) 音が出ているものはふるえていますか，ふるえていませんか。　　　　[　　　　　　]

2 たいこの上に小さく切った紙をのせてたいこをたたくと，図のように，紙が動きました。次の問いに答えましょう。(60点) 1つ30

(1) もう一度たいこをたたくと，たいこの音は大きくなりました。このとき紙の動きはどうなりますか。次の**ア・イ**からえらびましょう。　　　[　　　]

　ア はげしくなる。　　**イ** かわらない。

(2) 音を出しているもののふるえ方は，大きい音ほどどうなりますか。　　　　[　　　　　　]

答えは123ページ☞

もののおも重さをくらべよう

1 ❶のようにねんどをのせると，てんびんがつりあいました。次に，❷，❸のように一方のねんどの形をかえてのせると，どうなりますか。左が下がる場合は「左」，右が下がる場合は「右」，つりあう場合は「○」を書きましょう。(40点) 1つ20

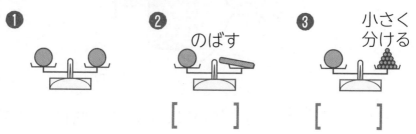

❶　　　❷ のばす　　　❸ 小さく分ける

[　　　]　　　[　　　]

2 同じ体積(たいせき)のものをてんびんにのせると，図のようになりました。あとの問いに答えましょう。

(60点) 1つ20

鉄　木　　　木　プラスチック

(1) 鉄(てっ)と木では，どちらが重(おも)いですか。　　　[　　　]

(2) 木とプラスチックでは，どちらが重いですか。

[　　　]

(3) 同じ体積のとき，重さはものの何によってちがいますか。　　　[　　　]

電気と豆電球

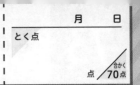

月　日

とく点

点 ／ 合かく 70点

1 次の問いに答えましょう。（100点）1つ10

(1) 図の①〜⑥の部分の名まえを[　]に書きましょう。

[①　　　　　　]

[②　　　　　　]

[③　　　　　　]

[⑤　　　　　　]きょく

[④　　　　　　]

[⑥　　　　　　]きょく

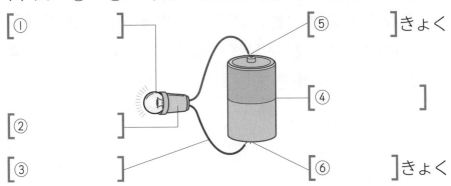

(2) 図の③をとちゅうで切りはなして，間に次の**ア〜
ウ**をつなぎました。あかりがつくものを1つえら
びましょう。　　　　　　　　　　　[　　　]

ア 10円玉　　**イ** ノート　　**ウ** ストロー

(3) 次の①〜③で，あかりがつくものには○，つかない
ものには×を書きましょう。

① 　　　　　　　② 　　　　　　　③

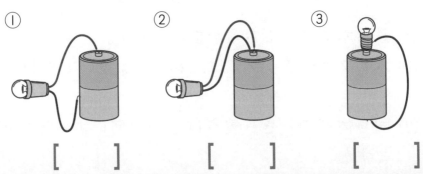

[　　]　　　　　　[　　]　　　　　　[　　]

答えは124ページ ☞

1 図のように，風をあてて車を走らせたときのきょりとはやさを調べて，そのけっかを表にまとめました。表の❶～❹に入るものを，あとのア～エからえらびましょう。(60点) 1つ15

	走ったきょり	走ったはやさ
弱い風	[❶]	[❷]
強い風	[❸]	[❹]

ア 2m　　**イ** 4m

ウ おそい　　**エ** はやい

2 図のように，じょうぎにとめたわゴムを車にひっかけ，わゴムを 10 cm，15 cm，20 cm にのばして車を走らせました。あとの問いに答えましょう。

(40点) 1つ20

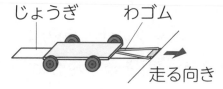

じょうぎ　　わゴム

走る向き

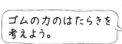

ゴムの力のはたらきを考えよう。

(1) 走ったきょりがいちばん長いのは，わゴムを何 cm にのばしたときですか。　　[　　　] cm

(2) 走ったはやさがいちばんおそいのは，わゴムを何 cm にのばしたときですか。　　[　　　] cm

じしゃくのせいしつ

1 次の問いに答えましょう。

(1) 次の**ア**〜**ウ**からじしゃくにつくものをえらびましょう。(20点)　　　　　　　　　　　　　[　　　　　]

　　ア 10円玉　　**イ** 紙　　**ウ** ゼムクリップ

(2) じしゃくがものを引きつける力は，ものとじしゃくのきょりが近いほどどうなりますか。次の**ア**〜**ウ**からえらびましょう。(20点)　　　　[　　　　　]

　　ア 強くなる。　　**イ** 弱くなる。　　**ウ** かわらない。

(3) じしゃくにつけたくぎをじしゃくからはなしても，くぎどうしはついたままでした。これは，くぎが何になったからですか。

(20点)

[　　　　　　　　　]

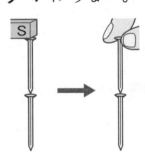

(4) じしゃくにべつのじしゃくを次の①，②のように近づけるとどうなりますか。引き合う場合は○を，しりぞけ合う場合は△を書きましょう。(40点) 1つ20

①　　　　　　　　　　　　　②

[　　　　]　　　　　　　　　[　　　　]

答えは124ページ ☞

漢字の読み書き ①

1 次の漢字の読み方をひらがなで書きましょう。
(60点) 1つ10

[　　　　　　]　　　[　　　　　　]

❶ 弓　矢　　　　　❷ 弟

[　　　　　　]　　　[　　　　　　]

❸ 昼　食　　　　　❹ 絵　画

[　　　　　　]　　　[　　　　　　]

❺ 作　家　　　　　❻ 交　通

2 次の──の言葉を漢字で書きましょう。送りがな
のつく字は、送りがなもつけましょう。 (40点) 1つ10

[　　　　][　　　　]

❶ 兄は けいさんに つよい。

[　　　　][　　　　]

❷ 父が きんじょから かえる。

1 次の──の「　」の言葉を漢字と送りがなで書きましょう。（60点）一つ10

① 先生からいちをうける。
［　　］［　　］

② 部屋やのおんどをしらべる。
［　　］［　　］

③ てんきをしらべる。
［　　］［　　］

2 次の──の言葉は、それぞれどちらが正しいですか。[　]の中から正しい漢字を使い、送りがなもつけて書きましょう。（40点）一つ10

① 夜があける。
［　　］
家をあける。
［　　］

②
｜にん
｜にん
友

［　　］［　　］

新・空
親・明

言葉の分類

1 次の言葉の中から、しゅ類のちがうものをえらび、[　]に書きましょう。（60点）1つ15

① 明るい　細かい　野さい

[　　　　　]

② 早く　歩く　動く

[　　　　　]

③ いぬ　いつつ　あつい

[　　　　　]

④ わくわく　にっこり　かがやく

[　　　　　]

2 次の言葉と同じしゅ類の言葉を、――でむすびましょう。（40点）1つ10

① ゆっくり　・　　　・とにかく

② 公園　　　・　　　・すたすた

③ むかし　　・　　　・広い

④ 赤い　　　・　　　・時計

どのように使うか考えよう。

1 次の漢字の筆順として正しいほうをえらび、記号で書きましょう。(60点) 一つ20

❶ 半
｛
ア 丶 ン ゾ 半
イ 丶 ゛ ゜ 半 半
　　　　　　　　　[　　　]

❷ 曲
｛
ア 一 冂 冂 由 曲
イ 一 冂 曰 曲 曲
　　　　　　　　　[　　　]

❸ 馬
｛
ア 一 厂 厂 厈 馬 馬 馬
イ 一 厂 厈 馬 馬 馬
　　　　　　　　　[　　　]

2 次の漢字の画数として正しいものをえらび、記号で書きましょう。(40点) 一つ10

❶ 開 [　　　]　❷ 数 [　　　]

❸ 遠 [　　　]　❹ 買 [　　　]

ア 10画　　イ 11画　　ウ 12画
エ 13画　　オ 14画　　カ 15画

物語を読む ①

月　日
とく点　点／70点

1 次の文章を読んで、問いに答えましょう。

　ボイルとビリーは、あるおやしきの車庫の中で長い間じっとしてくらして来た自動車です。二人は、ご主人が行きとどいたガソリンだの油だのを十分にいただきが、何のふ自由もありませんでした。

　□　一日中にぎやかな町をかけ歩いてから、ガランとした車庫に入ると、二人は、どうもさびしくてたまりませんでした。二人は、それを自分たちに子どもがないからだと思いました。二人は、コンクリートのゆかを歩きまわる小さなタイヤの音や、夜中に、自分たちのそばでかわいらしくラッパのひびきをかいてる小さな自動車のことを考えると、じっとちものこと車庫はいてもたってもしあわせだとは思えないのでした。

（木内高音「かんちゃオートバイ」）

(1) ——は、何ですか。三字で書きましょう。(50点)

(2) □に入るしっなぎ言葉を、ひらがな三字で書きましょう。(30点)

(3) 二人がほしいと思っている子どもの様子が書いてあるところに線を引きましょう。(20点)

月 日

とく点

ごうかく70点 点

❶ 次の文章を読んで、問いに答えましょう。

> はいがおおくの三角じょうぎの中に、一番たいせつなおもいでのある三角のじょうぎがあります。それはつぎのように書いてありました。
>
> 「はいがおおくの三角じょうぎの中に、おおきな中に、一番たいせつなおもいでのある三角のじょうぎがある。おれは、たてよこ三じゃくにかたちが、じぶんの体にもにているようにおもう。三角に角を、ひとつかたちに角をもつ品もの——。」
>
> （厳谷小波 「三角と四角」）

(1) この文章の中で、行をかえて書いているところは、それはどこですか。それはどこにあるはじめの四字を書きましょう。かえたところはどこですか。

〔30点〕

(2) ——と同じ意味を表していることばを、——ているところをぬき出しましょう。〔40点〕

[ ]

(3) ——の様子がへんへんわれてへ書かれているところに線を

〔30点〕

説明文を読む ①

月　日

とく点　点／75点

1 次の文章を読んで、問いに答えましょう。

> 　頭のてっぺんに鼻があるのは、クジラのなかまだ。あのクジラのしおふきは、鼻のあなで息をしているあかしなんだ。
>
> 　では、なぜ、頭のてっぺんに鼻があるのだろう。それは海を泳ぎながら息をするのに、ここが一ばんいい場所だからだ。
>
> 　長い年月をかけて、その場所で生活しやすいように体の形がかわり、鼻のいちもうつったというわけだ。
>
> 　そして、鼻には息をすること、もう一つの大きな役目、においをかぐことがある。
>
> （中りゃく）
>
> 　また、鼻は道具としても使われる。
>
> 　イノシシなどは、地中のえものありかをかぎ当て、その鼻でほり出して食べてしまう。
>
> 　鼻がスコップの役目をするのだ。
>
> （山本省三「ブタの長い鼻には、おどろきのわけがある！」）

(1) 「鼻」には、どのようなはたらきがありますか。[　]にあてはまるように三つ書きましょう。 (75点)一つ25

　[　　　　　　　]こと。　[　　　　　　　]こと。

　[　　　　　　　]使われる。

(2) クジラの鼻が頭のてっぺんについた理由が書いてあるところに線を引きましょう。 (25点)

説明文を読む ②

とく点　　点／60点

月　　日

1 次の文章を読んで、問いに答えましょう。

> タンチョウ（丹頂）は（渡り鳥）で、（湿原）の神さまとよばれます。「丹頂」の「丹」は赤色なことで、「頂」は頭のいただきのことです。頭の①いただきが赤色なので、丹頂とよばれたのでしょう。
>
> サイエンスの人たちは、「タンチョウ」とよばずに「タンチョウ」とよびます。学名（がくめい）で呼ぶからです。学名は世界共通で、和名（日本名）を使ってもよいことになっています。和名（日本名）のほうはそれぞれの国で（　　）いますが、学名は世界共通で、タンチョウの学名は Grus japonensis（グルス・ヤポネンシス）です。「ヤポネンシス」は「日本の」という意味で、②頭は　　□　　と呼びます。
>
> ルのことを「丹」とよんでいて、タンチョウの大研究は国松とよばれ英で研究された。
>
> （国語）

(1) ——①「これ」とは何を指していますか。その内ようを説明しているところに線を引きましょう。（30点）

(2) 　□　に入る言葉を二字で書きましょう。（30点）

[　　　　　　]

(3) ——②「頭は」とありますが、どこは何と呼ばれたのですか。（40点）

[　　　　　　]

84

1 次の漢字の読み方をひらがなで書きましょう。

(20点) 一つ 5

①　旅　行　[　　　　　　]

②　両　親　[　　　　　　]

③　引　力　[　　　　　　]

④　青　葉　[　　　　　　]

2 次の──の言葉を漢字で書きましょう。送りがなのつく字は、送りがなもつけましょう。

(80点) 一つ 10

①　[　　　　] [　　　　]

しゃしんを うつす。

②　[　　　　] [　　　　]
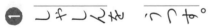
らくがきを おとす。

③　[　　　　] [　　　　]

しゅうじを ならう。

④　[　　　　] [　　　　]

かんきゃくと くすりを 買う。

1 次の——の言葉を漢字で書きましょう。送りがなのつく字は、送りがなも書きましょう。(60点) 15一つ

① 体のぐあいが悪いので、びょういんに行く。
　　　　〔　　　　〕　　　　〔　　　　〕

② しゅくだいをする。
　　　　〔　　　　〕

③ せなかをのばす。
　　　　〔　　　　〕

2 次のようすを表す言葉があります。「い」で終わる漢字をえらんで、□に書き、その読みがなを〔〕に書きましょう。(40点) 10一つ

① [　　　] □い

② [　　　] □い

③ [　　　] □い

④ [　　　] □い

うごきを表す漢字です

悲・高・行・軽・明・速・消・暗

86

国語辞典の使い方

1 次の言葉を、国語辞典に出てくる順に、一・2・3の番号で書きましょう。(40点)1つ20

①
[　　] すし
[　　] ずし
[　　] すじ

②
[　　] ボール
[　　] ボール
[　　] ボール

2 次の言葉を、国語辞典にのっている形に書き直しましょう。(60点)1つ10

① さわやかに ──→ [　　　　　　]

辞典で
調べてみよう。

② 赤かった ──→ [　　　　　　]

③ 楽しければ。 ──────→ [　　　　　　　]

④ 雨がふりそうだ。 ──────→ [　　　　　　　]

⑤ 心をこめてお礼を言う。 ──────→ [　　　　　　　]

⑥ のどかな天気だ。 ──────→ [　　　　　　　]

部首（ぶしゅ）

とく点 ／ごうかく 70点

月　日　点

---

1 次の部首の名前を正しいものを一つずつえらび、記号で書きましょう。（60点）一つ10

① 厂　［　　］
③ 扌　［　　］
⑤ 辶　［　　］
② 欠　［　　］
④ 宀　［　　］
⑥ 亻　［　　］

ア　まだれ
イ　あくび
ウ　しんにょう
エ　てへん
オ　あなかんむり
カ　にんべん

---

2 次の漢字の□の部分に共通して入る部首と、その部首の名前を書きましょう。（40点）一つ10

① 元　同　甬　□　［　　］
② 氏　旦　尿　□　［　　］
③ 易　完　給　□　［　　］
④ 比　地　系　□　［　　］

88

詩を読む ①

1 次の詩を読んで、問いに答えましょう。

（　　　　　　）

竹久夢二

ふくろうは何も言わない。
世界中の子どもがみんなねむった時
お月様何してる、お星様何してる。
夜、目の見えるふくろうは
知ってるくせに □□□ 。

（1）───とありますが、何を知っているのですか。二つ書きましょう。（60点）一つ30

[　　　　　　　　　　　　　　　　　　　　　　　]

[　　　　　　　　　　　　　　　　　　　　　　　]

（2）□□□ は、詩の中の言葉が入ります。どんな言葉ですか。（20点）

[　　　　　　　　　　　　　　　　　　　　　　　]

（3）（　　　）にはこの詩の題名が入ります。次からあうものをえらび、記号で書きましょう。（20点）[　　　]

ア　朝　　　　　　　　　　イ　みんなねむった時

ウ　お月様、お星様　　　　エ　ふくろう

詩を読む ②

1 次の詩を読んで、問いに答えましょう。

てがみを
ポストにいれた。
あさいちばんに
ポストにいれた。

てがみをかいて
ポストにいれた。

いなかのおばあさんに
　□
　□
てがみをかいて
ポストにいれた。

だれに入れたかは、
わからない。

おはよう
ぼくは、
　□
と
ポストに入れた。
だれに入れたかは、

手紙を送り

山本和夫（やまもとかずお）

(1) ました。（60点）

[　　　]

[　　　]

(2) □には、同じ言葉が入ります。□に書きましょう。（40点）

[　　　]

次から、えらび、記号で書きましょう。

[　　　]

ア こえ
イ こたえる
ウ はなしたこと
エ はこぶ

90

文の組み立て ①

1 次の文の──の言葉のはたらきをあとからえらび、記号で書きましょう。(60点)1つ10

[　　] [　　] [　　] [　　]

① ぼくは、きのう　書道を　習った。

[　　] [　　]

② 白い雲が、空に ふわふわうかんでいる。

ア いつ　　イ 何に　　ウ 何を　エ どんな
オ どうする　カ だれが(は)　キ どのように

2 次の[ ]に、正しい文になるように❶は一～3、❷は一～4の番号を入れましょう。(40点)1つ20

❶
[　　] 鳴いていました。
[　　] 白と黒の
[　　] 三びきの子ねこが

❷
[　　] サッカー選手が
[　　] 練習をしています。
[　　] オリンピックに出場する
[　　] ドリブルとシュートの

ごうかく70点

月　日

1 次の文の──の言葉は、下のア・イのどちらにあてはまりますか。記号で書きましょう。（50点）一つ10

ア 様子を表す言葉
イ 動作を表す言葉

① 黄色い小鳥が、木の上で楽しそうに鳴いている。　[ ]

② 大きい犬が、うれしそうに道を走っている。
[ ]　[ ]　[ ]

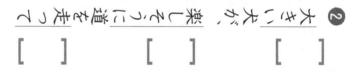

2 次の[ ]にあてはまる言葉をあとからえらんで、記号で書きましょう。（50点）一つ10

① 長い道のりを歩[ ]。

② 子どもたちが[ ]わらった。

③ 父から[ ]ニュースがとどいた。

④ 冬になり[ ]雪がふってくる。

エ うれしい
ア てくてく
オ にこにこ
イ しとしと
ウ 元気な

言葉の意味 ①

1 次の意味にあう言葉をあとからえらび、記号で書きましょう。(60点) 一つ12

❶ [　] おみせをひらくこと

❷ [　] ぐるぐるまわること

❸ [　] ひとつのかたまり

❹ [　] 力をあわせて何かを行うこと

❺ [　] 一か所にあつまること

ア 回転　イ 協力　ウ 開店

エ 丸　オ 集合

読み方がちがっても意味が同じように使う漢字はね。

2 次の□の言葉の意味を下からえらび、——でむすびましょう。(40点) 一つ10

❶ 問題がとける　•　• えらばれて出る人

❷ 水がとける　•　• 答えが出る

❸ 一点をせんしゅする　•　• 水になる

❹ サッカーせんしゅ　•　• 先に取ること

LESSON 94 言葉の意味②

1 言葉の使い方が正しいほうをえらんで、記号で書きましょう。（20点）1つ10

① ア 答えがまってへわかる。
　 イ 答えがまってへわからない。

[　　]

② ア こたえはたしかにあに行て。
　 イ こたえはたしかにあに行て。

[　　]

2 次の説明にあてはまる言葉をあとからえらんで、記号で書きましょう。（80点）1つ20

① [　　] 物事を考えてつたえるちから。

② [　　] 物事について知っていること。

③ [　　] ぶじにわたしたことがわかったときの様子。

④ [　　] なにかに動きはたらきがある様子。

ア やわらか
イ 知らせます
ウ しらせる
エ 知らない

言葉の意味に合うように、おぼえよう。

94

月　日

かく 70点

とく点　点

1 次の漢字の読み方をひらがなで書きましょう。(40点)1つ5

❶ 中　庭 [　　　]
❷ 校　庭 [　　　]

❸ 仕える [　　　]
❹ 仕組み [　　　]

❺ 酒　屋 [　　　]
❻ うめ酒 [　　　]

❼ 表　紙 [　　　]
❽ 表す [　　　]

2 次の――の言葉を漢字で書きましょう。送りがなのつく字は、送りがなもつけましょう。(60点)1つ10

❶ ようやく [　　　]おとうとが [　　　]おきじょうに ついた。[　　　]

❷ やきゅうを [　　　]はじめる。[　　　]

❸ 持ちぬしに [　　　]かえす。[　　　]

1

次の――の漢字は□の言葉は送りがなも書きましょう。
読み方を書きましょう。漢字と送りがなを書きましょう。

（80点）
一つ10

① せつめいに したがって もけいを つくる。
[　　　　　][　　]

② にもつの だんごを こわす。
[　　　　　][　　]

③ しょうにんが しながらをかぞえる。
[　　　　　][　　]

④ ニュースは　くわしく しらべての　ほうこく。
[　　　　　][　　]

2

次の漢字の読み方をひらがなで書きましょう。

（20点）
一つ5

① 遊園地
[　　　　　]

② 重箱
[　　　　　]

③ 話題
[　　　　　]

④ 調理
[　　　　　]

ローマ字 ①

1 次のローマ字をひらがなに直しましょう。

（50点）1つ10

[　]　[　]　[　]　[　]　[　]

[　]　[　]　[　]　[　]　[　]

1 ame

2 kaki

3 mori

4 kimono

5 megane

2 次の[　]にあてはまる文字を、□からえらび、書きましょう。（50点）1つ10

ア だんの音には[　　]が、ウ だんの音には

[　　]がついています。行、は、サ行の音には

[　　]が、ラ行の音には[　　]がついています。

「ん」は、[　　]と書き表します。

u　e　r　n　o　a　s　d

とく点

点 / 80点 70点

月　日

2 次の左の言葉にあてはまるローマ字を──でむすびましょう。（50点）1つ10

1 工作 ・　　　　　　・ syuppatu

2 人形 ・　　　　　　・ happyô

3 発表（はっぴょう） ・　　　　　　・ zidôsya

4 出発 ・　　　　　　・ ningyô

5 自動車（じどうしゃ） ・　　　　　　・ kôsaku

1 次のひらがなをローマ字で書きましょう。（50点）1つ10

1 きんぎょ

2 たいそう

3 でんしゃ

4 おかあさん

5 がっこう

1 次（つぎ）の[　]に入る言葉（ことば）を、あとの□からえらび書きましょう。(100点) 1つ20

❶ 光（ひかる）さん「[　　　　　]花の名前（なまえ）は、何（なん）ですか。」

校長先生「[　　　　　]花ですか。」

❷ 南（みなみ）さん「見て。[　　　　　]に、水とうが落（お）ちてるよ。」

春絵（はるえ）さん「[　　　　　]は、わたしの水とうよ。
[　　　　　]ところにわすれてたのね。」

ここ	あそこ	どこ	その
どの	どれ	あんな	あの
どんな	いちら	あれ	あれ

これ・それ・あれ・どれ はこそあど言葉というよ。それぞれが指すものに気をつけよう。

つなぎ言葉

月　日
とく点
ごうかく 60点
／60点

1 次の[ ]に入る言葉を、あとの□の中からえらんで、書きましょう。　20×1（60点）

① 足がいたかった [　　　]、走った。

② 足がいたかった [　　　]、止まった。

③ 友だちと話し [　　　]、歩いた。

| ながら | ので | けれど |

2 次の□にあてはまる言葉を入れて、正しい文にしましょう。　8×1（40点）

① 春になる□、さくらがさきます。

② 夏休みは山にも行った□、海にも行った。

③ 走って行った□、電車に間に合わなかった。

④ 家の中では□、とてもしずかにしてね。

⑤ ボールを投げた□、とどかなかった。

物語を読む ③

1 次の文章を読んで、問いに答えましょう。

やわらかな風が木のすぐそばをとおって流れてきました。その風に木の花のにおいがふんわりのってきました。においは小川をわたって麦畑をこえて、がけのぶちをすべりおりて流れてきました。そしてどうどうちょうちょうがたくさんいるところへも畑まで、流れてきました。

「おや」とじゃがいもの葉の上にとまっていた一ぴきのちょうが鼻を動かして言いました。

「なんてよいにおいでしょう、あおうていりていましょう。」

（新美南吉「木の祭り」）

(1) 木が立っている場所とじゃがいも畑の間には、何がありますか。順じょに書きましょう。(30点 一つ10)

木 → [　　　] → [　　　] →

[　　　] → じゃがいも畑

(2) ──の言葉は、だれが言ったのですか。(40点)

[　　　]

(3) ──の中の「におい」は何のにおいですか。(30点)

[　　　]

物語を読む ④

月　日
とく点
合かく 50点
100点
50-①

1 次の文章を読んで、問いに答えましょう。

1 東京へ帰るわたしに、赤とんぼが今日からここへ来た 2 けれども、わたしは赤とんぼの着物を着てにげた悲しい顔をして 3 しました。赤とんぼは、ボンのおまつりに着たきれいな服を着ていた……わたしはこの赤とんぼが、わたしにもらいたいものがあると思いました……わたしは細い声で、赤とんぼに……4 の赤とんぼが、あんなにかなしそうにしていたのは、なんだろう。自分はおとなになったら、東京へ行きたいと思いました。5 たとしょう。わたしは、とんとんとんと……

(新美南吉「赤とんぼ」)

(1) 次の文は、どの段落のあとに入りますか。あてはまる段落のあとの番号で書きましょう。 [　　　]

書いてすると、……おじいさんのおうちへ行きました。

(2) □に入る言葉を、文章中の言葉を少しかえて書きましょう。 [　　　]

ですんとうじょう……おじいさんのおうちへ……

説明文を読む ③

1 次の文章を読んで、問いに答えましょう。(100点)一つ50

　一九七七年、アメリカの「アップル社」が、個人むけのコンピュータ「アップルⅡ」を発売した。　□　を、「パーソナルコンピュータ（パソコン）」とよんだ。「個人でつかえるコンピュータ」という意味だね。

　アップル社は、二十六歳のスティーブ・ウォズニアックと、二十一歳のスティーブ・ジョブズがつくった会社だ。

　ウォズニアックがつくったコンピュータの一号機「アップルⅠ」を、ジョブズの家のガレージで売ろう、ということでできた会社だった。

　一号機のあと、つくったのが「アップルⅡ」である。アップル社は、このあと、マウスをつかった新しいパソコン「マッキントッシュ」をつくりだした。

（国松俊英「道具の名前のなぞ」）

(1) ──の会社は、どのようにしてできましたか。それを説明しているところに線を引きましょう。

(2) □に入る言葉を、次からえらび、記号で書きましょう。

[　　]

ア　どれ　　イ　あれ　　ウ　それ

1 次の文章を読んで、問いに答えましょう。

① ホシガタジガバチという親バチは、夏のおわりになると、子をそだてるために[1]すあなをほる。あなをほると、ホシガタジガバチはイモムシを狩りにでかける。そのイモムシをあなの中に運びこんで、そのイモムシに卵をうみつけるのである。

② ホシガタジガバチは、学習の目的のために[2]子をそだてているのではない。しかし、けっかてきに、子は親の行動をまねして、おぼえていくのである。別れの日がやってきて、親は子にまねをして、□ でおしえるのである。

③ いよいよすあなをほって、イモムシを狩るときには、子は近くにいて、親のまねをする。親がいなくなっても、子は独立するのである。子と親は別々にくらすようになり、やがて子は独り立ちするのである。

（木暮正夫「キツネのタメゴロウ」大日本図書　研究から）

(1) 次の文は、どの段落のあとに入りますか。番号で書きましょう。

そして、秋が深くなると、子が別れがはじまるのです。

［　　　］

(2) □ にあてはまる言葉を、次からえらび、記号で書きます。

ア しょう。
イ 本気で
ウ へいきで
ヤ

［　　　］

月　日
とく点
ごうかく
50点
点

100点
50
100

慣用句・ことわざ ①

1 次の意味の慣用句として正しいものをあとからえらび、記号で書きましょう。(60点)1つ15

① どうすることもできず、あきらめる。　[　　]

② 仕事中にむだ話をし、時間をつぶす。　[　　]

③ 物事がだんだんでき上がる。　[　　]

④ 数量をごまかしてつける。　[　　]

ア 目鼻がつく　　イ さじを投げる

ウ さばを読む　　エ 油を売る

2 次の慣用句の意味を、——でむすびましょう。

(40点)1つ10

① 手をやく・　　　・いいかげんにする

② 手を切る・　　　・うっかりだまされる

③ 手をぬく・　　　・関係をたつ

④ 手に乗る・　　　・持てあます

慣用句・ことわざ ②

月　日　とく点　合かく点／70点　点

２

次の慣用句の□に入る言葉をあとからえらび、記号で書きましょう。（40点）10点×1

③ 住すめば□
① □の流なれ

④ □の
② □の上に　　　　三年

ア 石いし
イ 都みやこ
ウ 川かわ
エ 犬いぬ

１

次の慣用句・ことわざの意味いみを正しくつかんでいるものをあとからえらび、記号きごうで書きましょう。（60点）15点×1

① 世せ間けんから聞きいたうわさのことでも、そのうわさはやがて消きえてなくなるということ。　［　　　］

② その場を去さるときは、あとの始末しまつをきちんとすること。　［　　　］

③ なにごとをするにも、前もって用意しておくこと。　［　　　］

④ わずかな助たすけでも、少すこしずつたくわえていけばよいということ。　［　　　］

ア 転ころばぬ先さきの石に水
イ 立たつ鳥とりあとをにごさず
ウ 立たつ鳥とりあとをにごさず
エ 人ひとのうわさも七十五日

1 次の題名で作文を書こうと思います。長くなるので、内ようを一つずつぬくことにしました。それをはぶくとしたら、どれですか。記号で書きましょう。(40点) [　　]

〔正月〕

ア　かるたをして楽しかったこと。

イ　テレビを見すぎてしかられたこと。

ウ　おもちを食べたこと。

エ　お年玉をもらったこと。

一つだけ「正月」のこととはかんけいのないものがあるね。

2 次の文章を読んで、問いに答えましょう。

六月八日　アマガエルのかんさつ

アマガエルをつかまえた。よく見ると、前足と後ろ足の指の数がちがっていた。アマガエルの前足の指は四本で、後ろ足の指は五本だった。そして、鳴く時はのどをふくらませていた。また、目のななめ下に耳があることをお父さんに教えてもらい、かんしんした。

アマガエルの何についてかんさつしたのですか。三つ書きましょう。(60点)一つ20

[　　　　　　　] [　　　　　　　]

[　　　　　　　]

作文 ②

月　日　　とく点　合かく /70点

1 次の文章は、「いじめ」についての読書感想文の一部です。読んで、問いに答えましょう。

> ぼくは、この本を読んで、いじめられている人の悲しい気持ちが少し分かった気がします。いじめは、ぜったいにいけないことだと思います。もし、ぼくがいじめられていたら、とてもつらいし、ひとりぼっちで、さびしいと思うからです。

(1) ——せんの言葉を文章から書き出しましょう。(40点) 1つ20

[　　　　　　　][　　　　　　　]

(2) 本を読んで感じたことや、書いてあることについて、三と書き出しましょう。(40点) 1つ20

[　　　　　　　]

2 次の言葉を使って、短い文を作りましょう。(20点) 1つ10

(1) すっかり

[　　　　　　　]

(2) 決心する

[　　　　　　　]

物語を読む ⑤

1 次の文章を読んで、問いに答えましょう。

　昼間のことでしたが、遠いところから、山のさくらの花のことをきいて、①えらい人が見物に来たのです。そして花を見てしきりに感心していましたが、ただ一つおしいことがある、と言い出しました。②それは、さくらの花ににおいがないということでした。

　「これはどきれいにさいているのだから、これに、もしこの花のようなよいにおいがあったら、さぞよいだろう。」

　そのことばを、正木のおじさんが聞きとめました。そして、どうにかしてにおいをつける方ほうはあるまいかと、そうだんしました。するとその人は、植物のことなら何一つ知らないことはないという、えらい学者で、さくらの花にあの花のようなにおいをつけてあげようと、引き受けたのでした。

（豊島与志雄「山のくていの少年」）

（1）――①の人はだれですか。その内ようを説明しているところに線を引きましょう。（20点）

（2）――②は、何を指していますか。（40点）

[　　　　　　　　　　　　　　　　　　　　]

（3）――③は、何を指していますか。（40点）

[　　　　　　　　　　　　　　　　　　　　]

LESSON
110

⑤ 説明文を読む

月　日
とく点
かく75点
／75点

1　次の文章を読んで、問いに答えましょう。

わたしたち日本人は、自然界の神秘的な力を神さまと考えて、土地の神々や、村々の祖先を ① [ ] たちが村や家の将来をも、神秘的な力をもつと考え、神々に豊作をいのってお祭りをしてきました。

先祖たちは、自然界の災害から村人を守ってくれると考えられていました。

北 ② [ ] 皆は方角を知るなかだちをしてくれる土地の神さまや、村々の祖先をお祭りし、稲の実りを引きよせると考えて、お祭りをいとなんできました。

（「なかだちのお祭り」）

(1) ——のカタカナを漢字で書きましょう。　50点(1つ25)

[　　　] [　　　]

(2) ① [ ] に入る言葉を次から選び、記号で書きましょう。　(25点)

ア　うに
イ　ながら
ウ　ぶん

[　　　]

(3) ② [ ] は、体の一部分をあらわす言葉が入ります。その言葉を漢字1字で書きましょう。　(25点)

[　　　]

答え
全科 3 年

英語

① 大文字 A〜H（8語）　　　1 ページ

2 (1)B：6こ　(2)C：5こ
(3)D：5こ　(4)E：6こ
(5)F：5こ　(6)G：6こ
(7)H：6こ

アドバイス CとGやEとFのような形のに
ているアルファベットに注意しましょう。

② アルファベットの練習 ①　2 ページ

1 (1)B　(2)D　(3)E　(4)G

2 A B C D E F G H

アドバイス できあがった順番が正しいか,
声に出して読んでみましょう。

③ 大文字 I〜Q（9語）　　　3 ページ

2

アドバイス アルファベットの形をしっかり
とおぼえましょう。

④ アルファベットの練習 ②　4 ページ

1 (1)N　(2)P　(3)K　(4)I

2 I J K L M N O P Q

⑤ 大文字 R〜Z（9語）　　　5 ページ

2 T

T	R	U	Z	Y	W	X	T
A	C	F	S	K	I	H
N	B	Q	Z	P	D	E
F	I	K	T	M	A	B
B	J	E	Y	Q	D	N
C	M	O	R	G	N	C
G	M	A	V	D	O	C
F	I	J	W	B	N	C

⑥ アルファベットの練習 ③　6 ページ

1 (1)X　(2)U　(3)R　(4)Y

2 R S T U V W X Y Z

アドバイス UとV，XとYは形がにている
ので気をつけましょう。

⑦ 小文字 a〜h（8語）　　　7 ページ

2 B d p c S A L b Q f H ぁ g
T E f J U G F I W R h
i a M h ぃ k e N O j k D

アドバイス 大文字と小文字で形がにている
ものもあります。

英語｜算数｜社会｜理科｜国語｜答え　　111

⑧ **アルファベットの練習 ④** 8ページ

1 (1)b (2)h (3)a (4)f

(5)e (6)d (7)c (8)g

2 a b c d e f g h

⑨ **小文字 i〜q（9語）** 9ページ

2

a	Z	F	ⓞ	t	ⓜ	W	g	A
c	T	ⓘ	J	d	H	B	E	c
ⓙ	h	N	b	G	f	ⓠ	V	U
a	e	Y	D	d	S	X	M	ⓚ
ⓛ	S	U	ⓝ	Z	H	e	T	Q
H	a	L	G	D	Y	R	ⓘ	ⓘ
F	X	ⓟ	u	m	e	H	f	U

⑩ **アルファベットの練習 ⑤** 10ページ

1 (1)j (2)m (3)p (4)l (5)o

(6)i (7)q (8)k

2 i j k l m n o p q

アドバイス iとj，mとn，pとqは形が
にているので気をつけましょう。

⑪ **小文字 r〜z（9語）** 11ページ

2

r	s	t	u	v	w	x	y	z
s	u	s	v	w	x	y	z	w
t	t	r	t	u	v	w	y	z	s
u	v	v	t	u	r	x	r	u	r
v	w	s	w	r	v	y	s	r	s
w	x	t	u	y	u	w	u	s	t
x	y	v	v	r	x	z	x	w	u
y	y	z	r	w	v	u	t	s	y	y
z	r	s	t	u	v	w	x	y	z

⑫ **アルファベットの練習 ⑥** 12ページ

1 (1)r (2)z (3)w (4)v (5)s

(6)u (7)y (8)t

2 r s t u v w x y z

アドバイス s，u，v，w，xは大文字と小文
字のちがいをしっかりとおぼえましょう。

⑬ **単 語** 13ページ

2

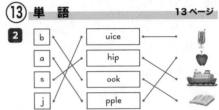

b		uice
a		hip
s		ook
j		pple

アドバイス 単語をおぼえるときには，意味
とセットでおぼえましょう。

⑭ **あいさつ** 14ページ

2

• Nice to meet you.

Good morning.

Goodbye.

• Good afternoon.

アドバイス 友達とペアになって，あいさつ
の練習をしてみてもよいでしょう。

算数

⑮ 0 のかけ算　　15 ページ

1　❶0　❷0　❸0　❹0

≫考え方　どんな数に0をかけても，0にどんな数をかけても，答えは0になります。

2　(1)（左から）3，2，1，3，0

　　(2)8×0=0　　　　　　　　0点

　　(3)0×3=0　　　　　　　　0点

≫考え方 (2)とく点は **点数×入ったこ数** で計算できるので，式は 8×0 になります。

⑯ かけ算のきまり　　16 ページ

1　(1)6×7=42

　　　（7×6=42 でもよい）　42

　　(2)あ6×4　（4×6 でもよい）

　　　い6×3　（3×6 でもよい）

2　❶4　❷3　❸3　❹6

≫考え方 かけ算には，次のようなきまりがあります。

かけられる数とかける数を入れかえても，答えはかわりません。また，かける数が1ふえると，答えはかけられる数だけふえます。

⑰ わり算 ①　　17 ページ

1　(1)15÷3　(2)5こ

≫考え方 わり算の答えを見つけるには，□×3=15 になる□の数を見つけます。

2　❶5　❷8　❸6　❹9

　　❺7　❻2　❼4　❽9

3　4まい

≫考え方 32÷8=4

⑱ わり算 ②　　18 ページ

1　(1)30÷5

　　(2)6ふくろ

2　❶4　❷7　❸1　❹1　❺0

　　❻0

≫考え方 0を0でないどんな数でわっても，答えは0になります。

3　6÷1=6　　　　　　　　6本

⑲ 時こくと時間 ①　　19 ページ

1　(1)1時間10分　(2)50分

　　(3)9時50分　(4)9時間35分

≫考え方 (4)まず，ねた午後9時30分から午後12時までの時間をもとめると，2時間30分です。午後12時は午前0時ともいいます。午前0時から午前7時5分までの時間は7時間5分です。

この2つの時間をあわせた時間がすいみん時間です。

⑳ 時こくと時間 ②　　20 ページ

1　❶60　❷（左から）2，20

　　❸（左から）3，20

2　❶8分4秒　❷2時間45分

　　❸7分35秒　❹3分50秒

≫考え方 ❹は7分40秒を6分100秒と考えて，

6分100秒-3分50秒=3分50秒

と計算します。

3　（左から）2，4，3，1

≫考え方 たんいをそろえてくらべます。

2分は120秒，1分10秒は70秒です。

㉑ あまりのあるわり算 ①　21ページ

1 (1) 21÷6

(2) 3ふくろできて，3こあまる。

≫考え方 21÷6＝3あまり3

2 ❶3あまり3　❷5あまり2

❸4あまり3　❹6あまり5

❺6あまり2　❻9あまり3

❼7あまり4　❽7あまり8

≫考え方 あまりは，わる数より小さくなるようにします。

㉒ あまりのあるわり算 ②　22ページ

1 (1) 1人分は8まいになって，4まいあまる。

(2) 1人分は5まいになって，7まいあまる。

≫考え方 (1) 52÷6＝8あまり4
(2) 52÷9＝5あまり7

2 ❶5あまり9→6あまり4

❷5あまり8→6あまり1

≫考え方 わる数よりあまりのほうが大きくなっているので，答えを大きくしてあまりがわる数より小さくなるようにします。

3 7箱

≫考え方 50÷8＝6あまり2
8こずつ6箱につめたとき，ボールは2このこっているので，全部を箱につめるには，6＋1＝7（箱）いります。

㉓ たし算の筆算 ①　23ページ

1 ❶ 152　❷ 203　❸ 783
　　 ＋216　　＋311　　＋140
　　 368　　514　　923

❹ 317　❺ 853　❻ 498
 ＋223　　＋471　　＋207
 540　　1324　　705

2 620 まい

≫考え方 217＋403＝620

㉔ たし算の筆算 ②　24ページ

1 ❶ 1745　❷ 3752
　　 ＋6159　　＋2487
　　 7904　　6239

2 ❶ 9̸23　❷ 4 7̸5
　　 ＋31 5̸　　＋26 9̸
　　 1̸238　　 7̸44

3 1215こ

≫考え方 786＋429＝1215

㉕ ひき算の筆算 ①　25ページ

1 ❶ 726　❷ 356　❸ 869
　　 －212　　－114　　－308
　　 514　　242　　561

❹ 726　❺ 324　❻ 543
 －701　　－118　　－129
 25　　206　　414

2 244 円

≫考え方 487－243＝244
答えとひく数をあわせると，もとのひかれる数になるかどうか，たしかめをするようにしましょう。

㉖ ひき算の筆算 ②　26ページ

1 ❶ 336　❷ 703　❸ 300
　　 －172　　－126　　－179
　　 164　　577　　121

❹ 3245　❺ 6821
 －1183　　－1549
 2062　　5272

2 228 ページ

≫考え方 406－178＝228

㉗ **長 さ** 27 ページ

1 ❶1000　❷(左から)2, 480

❸4015

2 (1)1550 m（1 km 550 m）

(2)350 m

≫考え方 (1) 800 m＋750 m＝1550 m

(2) 1 km 550 m－1 km 200 m＝350 m

㉘ **円と球** 28 ページ

1 ㋐半径　㋑中心　㋒直径

≫考え方 半径は，中心から円のまわりまで
ひいた直線のことです。直径の長さは，半
径の2倍になります。

2 ❶24 cm　❷9 cm

≫考え方 半径の2倍が直径の長さになりま
す。❶12×2＝24　❷18÷2＝9

3 4 cm

≫考え方 ボール1この直径は，
24÷3＝8 (cm)
答えるのは半径の長さなので，直径の半分
の，8÷2＝4 (cm) となります。

㉙ **三角形と角 ①** 29 ページ

1 二等辺三角形…ⓘ, ⓔ

正三角形…ⓤ, ⓚ

2 ❶　　　　　　　❷

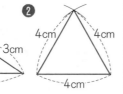

㉚ **三角形と角 ②** 30 ページ

1 ❶直角三角形　❷正三角形

❸二等辺三角形

2 ⓐ辺　ⓘ角　ⓤちょう点　ⓔ辺

3 （左から）1, 3, 2

㉛ **かけ算の筆算 ①** 31 ページ

1 ❶90　❷120　❸200

❹280

≫考え方 ❶30 を 10 の3こ分として考え
ます。30×3 は，10 の（3×3）こ分と
なり，10 の9こ分で，90 です。

2
❶	13	❷	11	❸	34
	× 3		× 7		× 2
	39		77		68
❹	42	❺	53	❻	72
	× 3		× 2		× 4
	126		106		288

㉜ **かけ算の筆算 ②** 32 ページ

1
❶	14	❷	47	❸	24
	× 6		× 2		× 4
	84		94		96
❹	34	❺	73	❻	54
	× 3		× 8		× 5
	102		584		270

2 161こ

≫考え方 23×7＝161

㉝ **かけ算の筆算 ③** 33 ページ

1 ❶800　❷1200　❸1500

❹1000

≫考え方 かけられる数を 100 のいくつ分
として考えます。

❶400×2 は，100 の（4×2）こ分と考
えると，100 の8こ分で，800 です。

2 ❶ $\begin{array}{r}132\\ \times\quad 3\\ \hline 396\end{array}$ ❷ $\begin{array}{r}221\\ \times\quad 4\\ \hline 884\end{array}$ ❸ $\begin{array}{r}423\\ \times\quad 3\\ \hline 1269\end{array}$

❹ $\begin{array}{r}124\\ \times\quad 4\\ \hline 496\end{array}$ ❺ $\begin{array}{r}210\\ \times\quad 6\\ \hline 1260\end{array}$ ❻ $\begin{array}{r}206\\ \times\quad 2\\ \hline 412\end{array}$

考え方 （3けた）×（1けた）の筆算も，一の位からじゅんにかけ算をします。

㉞ かけ算の筆算 ④　34ページ

1 ❶ $\begin{array}{r}413\\ \times\quad 6\\ \hline 2478\end{array}$ ❷ $\begin{array}{r}642\\ \times\quad 4\\ \hline 2568\end{array}$ ❸ $\begin{array}{r}371\\ \times\quad 5\\ \hline 1855\end{array}$

❹ $\begin{array}{r}408\\ \times\quad 3\\ \hline 1224\end{array}$ ❺ $\begin{array}{r}543\\ \times\quad 4\\ \hline 2172\end{array}$ ❻ $\begin{array}{r}487\\ \times\quad 3\\ \hline 1461\end{array}$

2 990円

考え方 198×5＝990

㉟ 1億までの数　35ページ

1 七百六万二千九百八十六

考え方 大きい数の読み方は，右から**4けたずつ区切る**ようにすると読みやすくなります。

2 ❶3725608 ❷268300

3 ❶6000 ❷39000 ❸6700万 ❹1億

考え方 数直線に表された数を読みとるには，まずいちばん小さい**1目もりがいくつ**を表しているかを調べます。上の数直線は，0から10000までが10目もりなので，1目もりは1000とわかります。また，下の数直線は，6000万から7000万までが10目もりなので，1目もりは100万とわかります。

4 100倍した数…540000
10でわった数…540

考え方 ある数を10倍，100倍すると数字のならび方はかわらずに，**位が1つ，2つと上がって**いき，もとの数の右がわに0を1つ，2つとつけた数になります。よって，5400を100倍すると，千の位の5は十万の位に，百の位の4は一万の位にうつり，あとは0になります。10でわるときは，一の位の0をとった数になります。

㊱ 大きい数のわり算　36ページ

1 ❶30 ❷20 ❸10 ❹12 ❺34 ❻31

2 12人

考え方 36÷3＝12

㊲ かけ算の筆算 ⑤　37ページ

1 ❶200 ❷800 ❸1200 ❹3000

考え方 ❷40は4の10倍，20は2の10倍なので，
40×20＝4×2×（10×10）と考えて，
8×100＝800 となります。

2 ❶ $\begin{array}{r}23\\ \times 12\\ \hline 46\\ 23\\ \hline 276\end{array}$ ❷ $\begin{array}{r}31\\ \times 24\\ \hline 124\\ 62\\ \hline 744\end{array}$ ❸ $\begin{array}{r}27\\ \times 15\\ \hline 135\\ 27\\ \hline 405\end{array}$

❹ $\begin{array}{r}32\\ \times 28\\ \hline 256\\ 64\\ \hline 896\end{array}$ ❺ $\begin{array}{r}72\\ \times 34\\ \hline 288\\ 216\\ \hline 2448\end{array}$ ❻ $\begin{array}{r}85\\ \times 28\\ \hline 680\\ 170\\ \hline 2380\end{array}$

考え方 かけ算の筆算をするときは，**位を正しくそろえて**計算することが大切です。

㊳ かけ算の筆算 ⑥ 　　38 ページ

1 ❶
```
   348
 ×  23
  1044
  696
  8004
```
❷
```
   608
 ×  40
 24320
```
❸
```
   413
 ×  56
  2478
  2065
 23128
```
❹
```
   854
 ×  24
  3416
  1708
 20496
```

2 4012 円

≫考え方 118×34=4012

㊴ 重　さ 　　39 ページ

1
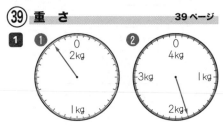

≫考え方 ❶のはかりは 2 kg まではかることができます。まず，いちばん大きい 1 目もりがいくつを表しているかを調べます。0 kg から 1 kg までが 10 目もりなので，1 目もりは 100 g とわかります。
❷のはかりは 4 kg まではかることができます。2 番目に大きい目もりは，0 kg から 1 kg までが 10 目もりなので，1 目もりは 100 g とわかります。

2 ❶ 1000 　❷ 3400
　　❸ 5000 　❹ 14

≫考え方 g，kg，t の重さのたんいについて，おぼえておきましょう。
・1 kg＝1000 g 　・1 t＝1000 kg

3 ❶ 5 kg 　❷ 1 kg 500 g

㊵ 小　数 ① 　　40 ページ

1 ❶ 1.4 L 　❷ 2.7 L

2 9.4 cm

≫考え方 1 L を 10 等分した 1 つ分が 0.1 L，1 cm を 10 等分した 1 つ分が 0.1 cm になります。

3
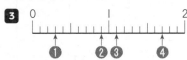

≫考え方 いちばん小さい目もりは，0 から 1 までが 10 目もりなので，1 目もりは 0.1 とわかります。

㊶ 小　数 ② 　　41 ページ

1 (1) 0.1 　(2) 12 　(3) 2.3

2 ❶ < 　❷ > 　❸ > 　❹ <

3 ❶ 0.5 　❷ 1.5 　❸ 1.7
　　❹ 1.2 　❺ 0.8 　❻ 0.7

㊷ 小　数 ③ 　　42 ページ

1 ❶
```
  2.4
 +1.5
  3.9
```
❷
```
  1.1
 +1.9
  3.0
```
❸
```
   1.3
 +12
  13.3
```
❹
```
  7.8
 -2.6
  5.2
```
❺
```
  4.5
 -2.8
  1.7
```
❻
```
  3
 -1.8
  1.2
```

≫考え方 小数のたし算・ひき算を筆算でするときは，位をそろえ，整数のたし算・ひき算と同じように計算します。

2 (1) 5 m
　　(2) 1.4 m

≫考え方 (1) 3.2＋1.8＝5
(2) 3.2－1.8＝1.4

㊸ **分　数 ①**　　　　　**43 ページ**

1　❶ $\dfrac{1}{4}$ L　❷ $\dfrac{1}{5}$ L　❸ $\dfrac{1}{6}$ L

2　❶　　　　❷　　　　❸

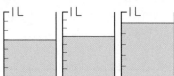

3　2…分子，3…分母

㊹ **分　数 ②**　　　　　**44 ページ**

1　(1) $\dfrac{1}{4}$　(2) $\dfrac{1}{7}$　(3) 8

　　(4) $\dfrac{1}{5}$, $\dfrac{2}{5}$ $\left(\dfrac{2}{5}, \dfrac{1}{5}$ でもよい$\right)$

2　❶ <　❷ =　❸ >　❹ =

≫考え方　❷ $\dfrac{1}{7}$ の7こ分の大きさは $\dfrac{7}{7}$ で，

1と同じ大きさです。

❹ $\dfrac{1}{10}$ と 0.1 は同じ大きさなので，$\dfrac{7}{10}$
と 0.7 は同じ大きさです。

㊺ **分　数 ③**　　　　　**45 ページ**

1　❶ $\dfrac{2}{7}$　❷ $\dfrac{5}{6}$　❸ 1 $\left(\dfrac{9}{9}\right)$

　　❹ $\dfrac{2}{5}$　❺ $\dfrac{3}{8}$　❻ $\dfrac{1}{3}$

2　$\dfrac{3}{4}$ L

≫考え方　$\dfrac{1}{4} + \dfrac{2}{4} = \dfrac{3}{4}$

㊻ **□を使った式**　　　　　**46 ページ**

1　(左から)持っていたお金，代金

2　❶ 29　❷ 61　❸ 8　❹ 4

3　□×7 = 28　　　　　　4 こ

㊼ **表とグラフ ①**　　　　　**47 ページ**

1　(1)　　　すきな動物調べ

動　物	人数(人)
パンダ	6
い　ぬ	4
きりん	3
コアラ	5
ね　こ	2

(2)
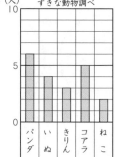

㊽ **表とグラフ ②**　　　　　**48 ページ**

1　(1) 5月のすりきず

　　(2) 5月で，14 人

　　(3) 4月で，9 人

　　(4) すりきずで，22 人

社会

㊾ 絵地図 ① 49ページ

1 ❶・❹に○

考え方 絵地図をかくためにたんけんに行くには，何がひつようになるのかを考えましょう。

2 ❶北西　❷西

❸南　❹東

考え方 方位じしんは，色のついたはりを北に合わせて見ます。**八方位**はかならずおぼえましょう。

㊿ 絵地図 ② 50ページ

1 ❶ゆうびん局　❷公園

❸学校　❹寺

考え方 地図を読み取る場合，駅や学校など１か所を中心にして見るときと，地図全体として見るときがあります。文をよく読んでその内ようをしっかりかくにんすることがたいせつです。

(51) 地図記号 51ページ

1 ❶寺　❷博物館　❸温せん

❹交番　❺図書館　❻消ぼうしょ

❼畑　❽市役所　❾かじゅ園

❿ゆうびん局

考え方 地図記号は，その建物の形や文字をもとにしてつくられていることが多いです。地図記号の形にも注目しましょう。

2 ❶文　❷||　❸☼

考え方 地図記号には，土地のようすを表すものと，建物やしせつのようすを表すものがあります。地図記号を使うと，ことばを書きこまなくてもよいので，地図がすっきりとわかりやすくなります。また，地図記号を使った地図どうしを見くらべると，それぞれの地いきの**特色**がはっきりわかります。

(52) わたしたちの市のようす 52ページ

1 (1)北西　(2)かじゅ園　(3)ア

(4)①○　②×

考え方 地図は，何も指示がなければ，基本的に上が北だということをおぼえておきましょう。また，その土地がどのように利用されているのか，地図記号の意味をしっかりかくにんして，とくちょうをつかみましょう。
(4)②は，南東の地いきには「満願寺山」があるので，北西の地いきよりも高くなります。

(53) 農家の仕事 ① 53ページ

1 (1)春作…10月～11月

秋作…7月～8月

(2)ウ

(3)ビニールハウス

考え方 キャベツのたねは，温度を一定にたもった**ビニールハウス**などのなえどこにまき，そこで育てます。なえが生長すると，畑に植えかえるので，それよりも前に，畑の土づくりをします。また，秋作・春作ともに，時期をずらしてたねまきが行われることがあります。これはキャベツ農家の多くが人手不足で，一度に多くのキャベツがとれるとこまるからです。少人数でも短い期間で出荷までの仕事を終えることのできるりょうにしています。また，ビニールハウスは寒さをふせぎ，温度を一定にたもつことができるので，農作物を通じょうより早い時期に育て，出荷する農業を行っている地いきもあります。

㉹ 農家の仕事 ② 　　　　54ページ

1 (1)直売所・スーパーマーケット・
　　農業協同組合のうちから２つ。

(2)ウ

(3)ア・エ(順不同)

>>考え方 図中の農家から出ている３本の矢
印の先が，野菜や果物の出荷先です。農業
協同組合は，青果市場などで，ねだんの動
きをたしかめ，高く買ってくれるところに
農家からあずかった野菜や果物を売りさば
きます。

㉺ 工場の仕事 ① 　　　　55ページ

1 (1)①ウ　②イ　③ア

(2)①ア　②エ　③イ　④ウ

>>考え方 ささかまぼこの原料は，たいやひ
らめ，すけとうだら，いとよりだいなどの
魚です。すけとうだらやいとよりだいは，
アメリカ合衆国・インド・タイなどの外国
からの輸入にたよっており，船で日本に運
ばれます。港から工場に運ばれた魚は，て
いねいにさばかれ，練り合わせてすり身に
します。そして，練ったすり身をささの形
につくって，ねつをくわえます。ひやした
あと，かまぼこはけんさを受け，手作業や
きかいで箱づめされます。

㉻ 工場の仕事 ② 　　　　56ページ

1 ❶×　❷○　❸×　❹○

>>考え方 グラフのこうもくや目もりをよく
見ましょう。
❶は，作業場の人の数は200人です。ほ
かの仕事をしている人は，事務室は40人，
けんさ室は30人，運転手は50人なので，
合計で120人となり，作業場の人よりも
ほかの仕事をしている人のほうが少ないの
で×になります。

❷は，作業場の人は200人で，運転手の
人は50人なので，50×4＝200 になる
ことから，○です。
❸は，けんさ室の人は30人いるので×で
す。
❹は，工場ではたらいている人は合計で
40＋30＋50＋200＝320 になるので
○です。

2 ❶イ　❷ア

>>考え方 工場では，せい品をつくる人以外
にも，きゅうりょうの計算や原料の注文な
どの仕事をする事務室や，新しいせい品の
研究などをする研究室ではたらいている
人がいます。

㉼ スーパーマーケット 　　　57ページ

1 ❶ア　❷ウ

>>考え方 スーパーマーケットではたらく人
びとは，多くの人が買い物をしやすいよう
にさまざまなくふうをしています。たとえ
ば，車でしか来られない人のためにちゅう
車場をもうけたり，いつ買い物に行けば安
く買えるかを，できるだけ多くの人に知ら
せるために，ちらしをつくってせんでんし
ています。

2 (1)青森県・長野県(順不同)

(2)バナナ・グレープフルーツ

　　　　　　　(順不同)

>>考え方 スーパーマーケットは，品物を通
じて，国内だけではなく，外国ともつなが
っています。しかし，野菜については，で
きるだけ近くの農家でつくられたものを仕
入れています。これは，新せんな野菜を手
に入れることができ，また，運ちんが安く
すむためです。東京の近くの県で，野菜の
さいばいがさかんなのは，こういう理由か
らです。

58 店ではたらく人びと　58ページ

1 ❶ア　❷エ　❸ウ　❹イ

≫考え方 わたしたちのまちには、近所の店やデパート、商店がい、いどうはんばい車、コンビニエンスストア、ショッピングモールなど、さまざまなしゅるいの店があります。それぞれの店のとくちょうを、しっかりつかんでおくことがだいじです。

2 リサイクルコーナー

≫考え方 リサイクルとは、使えなくなった物をもう一度使えるようにしたり、べつの物につくりかえたりすることです。リサイクルコーナーにペットボトルや食品トレー、牛にゅうパックなどを持って行くことで、ごみをへらすことができます。

59 火事をふせぐ　59ページ

1 (1)通信指令室
(2)消ぼうしょ・消ぼうだん(順不同)
(3)①・④に○

≫考え方 (1)通信指令室は、消ぼう本部にあり、さいがい(おもに火事)の通ほうを受けます。さいがいの知らせが入ると、場所をたしかめて近くの消ぼうしょに出動の指令を出します。また、けいさつしょやガス・電力会社、水道局、病院などにも直ちにれんらくします。
(3)②は病院の仕事、③はけいさつしょの仕事です。

60 交通事故をふせぐ　60ページ

1 (1)110番
(2)①×　②○　③○
(3)安全(ぼうはん)マップ

≫考え方 (2)①はけいさつではなく、消ぼうしょの仕事です。けいさつは、事故がおこったとき、次からは事故がおこらないように、事故にあった人の話をしっかり聞いて原いんを調べます。また、べつの事故がおこらないように事故げん場の交通整理をします。

61 市のようすのうつりかわり　61ページ

1 ①×　②○　③×　④○

≫考え方 ①昔の市のようすには、病院の地図記号 ✚ がありません。
③今の市のようすには、田の地図記号 ‖ がありません。

2 エ

≫考え方 市が、市民のみんなから集めるお金をぜい金といいます。ぜい金でたてたしせつを公共しせつといいます。

62 くらしのうつりかわり　62ページ

1 ⑤せんたく板
①かまど
⑦コンロ(ガスコンロ)

≫考え方 ⑥昔は、たらいに水をため、あらうものにせっけんをつけて、せんたく板で力強くこすっていました。
①かまどは、中にまきなどを入れ、火をおこして料理をする道具です。
⑦のガスコンロのほかに、石油コンロ・電気コンロなどもありました。

2 ①×　②○

≫考え方 年表のできごとを、自分の中でしっかり整理しましょう。問題で聞かれていることが正しいかどうかを、年表とてらし合わせながらかくにんすることがたいせつです。
①は、東大阪市は1960年代に生まれたのでまちがいです。

理科

63 植物のたねをまこう　63ページ

1 (1)ウ(→)ア(→)イ(→)エ

(2)①イ　②ア　③エ　④ウ

>>考え方 ビニルポットに土を入れ，指で少しあなをあけてたねをまいたあと，土を少しかけてから水をやります。あとの世話は，土がかわきすぎないうちに，じょうろなどで水をやります。ホウセンカやマリーゴールドのような小さなたねをまくときには，ちょくせつ土にまいて上からうすく土をかけ，水をやるようにします。

64 植物のつくり　64ページ

1 ❶葉　❷子葉　❸くき

2 (1)①葉　②くき　③根

(2)③

>>考え方 植物のからだは，根・くき・葉からできています。葉はくきについていて，根は土の中に広がっています。ほかのしゅるいの植物も，同じようなつくりになっています。

65 こん虫を育てよう　65ページ

1 (1)ア…せい虫　イ…よう虫

ウ…たまご　エ…さなぎ

(2)ウ(→)イ(→)エ(→)ア

(3)イ

2 ❶黄　❷こく

>>考え方 モンシロチョウは，たまごから生まれます。よう虫のときはアブラナやキャベツの葉を食べ，その後，さなぎになり，せい虫になります。そして，せい虫はよう虫のえさになるアブラナやキャベツの葉のうらにたまごをうみつけます。

66 こん虫を調べよう　66ページ

1 (1)①しょっ角　②目　③頭

④むね　⑤はら　⑥はね

⑦あし

(2)6　(3)こん虫　(4)イ

>>考え方 こん虫のからだは，頭・むね・はらの3つの部分からできていて，むねに6本のあしがついています。また，頭にはしょっ角や目・口があります。ほかのしゅるいのこん虫も，同じようなつくりになっています。

こん虫には，チョウやテントウムシのように，たまご→よう虫→さなぎ→せい虫のじゅんに育つもの(完全変態)と，トンボやバッタのようにさなぎのときがなく，たまご→よう虫→せい虫のじゅんに育つもの(不完全変態)がいます。

67 生き物のようす　67ページ

1 (1)①ウ　②エ　③イ　④オ

⑤ア

(2)イ

>>考え方 おち葉を食べるダンゴムシはおち葉のそばをすみかにしています。オオカマキリは草のしげみなどにかくれて，ほかのこん虫をつかまえて食べています。花のみつをすうアゲハは花の近くに見られます。

こん虫やいろいろな動物は，食べ物がある場所やかくれ場所をすみかにしていて，植物などとかかわり合って生きています。

2 ❶しゅるい　❷すみか

⑥⑧ 花と実　　68ページ

1 (1)①ホウセンカ
　　　②マリーゴールド
　　(2)①イ　②ア

≫考え方 ホウセンカとマリーゴールドでは，花の形や色，大きさなどがまったくちがいます。また，できるたねの形や大きさもちがいます。

2 ❶オ　❷ウ　❸オ

≫考え方 植物は，たねから育ちます。たねから子葉が出たあと，草たけがのび，葉の数がふえ，やがて花がさきます。花がさいたあと，実ができて，実の中にはたねができます。

⑥⑨ 太陽のいちのかわり方　　69ページ

1 (1)①北　②東　(2)北

≫考え方 方位じしんのはりの色がぬってあるほうが北をさし，その反対がわが南をさします。

2 (1)①午前9時　②正午
　　　③午後3時
　　(2)①ウ　②イ　③ア

≫考え方 太陽のいちは，東→南→西へとかわります。また，かげはいつも太陽の反対がわにできます。

⑦⓪ 日なたと日かげ　　70ページ

1 (1)イ　(2)①15　②18

≫考え方 温度計の目もりは，温度計と目線が直角になるようにして読みます。

2 ❶15℃　❷6℃
　　❸8℃

≫考え方 日かげは太陽の光があたっていないので，朝からほとんどあたたまりません。

したがって，ほとんど温度はかわりません。ところが，日なたは太陽の光があたることによってあたためられるので，時間がたつにつれ，温度が上がります。

⑦① 光をあててみよう　　71ページ

1 (1)エ　(2)ウ

≫考え方 かがみによってはね返された日光は，まっすぐかべに進んでいきます。かがみで日光をはね返し，その光の中に手を入れると，あたたかく感じます。また，かがみのまい数が多いほど，明るくあたたかいので，多く重なっているところがいちばんあたたかくなります。かがみのまい数が同じところでは，明るさもあたたかさも同じになります。

2 ❶イ　❷ア

≫考え方 明るい部分の大きさは，紙と虫めがねの間のきょりによってかわります。紙から虫めがねまでのきょりを近づけたりはなしたりすると，紙にうつる明るいところが，大きくなったり小さくなったりします。紙と虫めがねを平行にすると，明るい部分が円になります。この明るい部分の大きさを小さくするほど中心の部分は明るくなり，温度が高くなります。明るい部分をとても小さくすると，紙がこげるくらいあつくなるので，注意しましょう。

⑦② 音について調べよう　　72ページ

1 (1)ア
　　(2)ふるえている。

≫考え方 ものがふるえると音が出ます。ふるえているものを手でにぎると，ふるえが止まり，音も止まります。

2 (1)ア
　　(2)大きくなる。

>>考え方 ものをたたいて音が出たとき, ものはふるえています。また, 音の大きさはもののふるえ方によってかわり, ふるえ方が大きいほど音は大きくなります。

⑦3 ものの重さをくらべよう　73ページ

1 ②○　③○

>>考え方 てんびんの左右の皿にのせたものの重さが同じ場合は, 水平に止まります。重さがちがう場合は, 重いほうにかたむきます。ものの形をかえたり, 小さく分けても, 軽くなったり, 重くなったりしないので, てんびんは水平に止まります。

2 (1)鉄　(2)木　(3)しゅるい

>>考え方 同じ体積の鉄, 木, プラスチックでは, 重いほうからじゅんに, 鉄, 木, プラスチックとなります。このように, 同じ体積のものの重さは, もののしゅるいによってちがいます。

⑦4 電気と豆電球　74ページ

1 (1)①豆電球　②ソケット

　　　③どう線　④かん電池

　　　⑤＋(プラス)

　　　⑥－(マイナス)

　　(2)ア　(3)①×　②×　③○

>>考え方 豆電球, どう線, かん電池が切れていないわになっていれば, 電気が流れます。この場合, 「かん電池の＋きょく→どう線→豆電球→どう線→かん電池の－きょく」というわになっているので, 電気が流れます。
　どうや鉄などの金ぞくは, 電気を通すせいしつがあるので, どう線の間につなぐと, 電気が流れて豆電球のあかりがつきます。紙やストローなどは, 電気を通しません。

⑦5 風やゴムの力のはたらき　75ページ

1 ①ア　②ウ　③イ　④エ

>>考え方 風やゴムには, ものを動かす力があります。風が強いほど, ものを動かす力は大きくなるので, ものは, はやく, 長いきょりを動きます。

2 (1)20　(2)10

>>考え方 ゴムは, のばすともとにもどろうとするせいしつがあり, ゴムを長くのばすほど, ものを動かす力は大きくなります。

⑦6 じしゃくのせいしつ　76ページ

1 (1)ウ　(2)ア　(3)じしゃく

　　(4)①△　②○

>>考え方 じしゃくは, 鉄でできているものを引きつけるせいしつがあります。10円玉は, 鉄と同じ金ぞくのどうでできていますが, じしゃくには引きつけられません。
　また, じしゃくにはNきょくとSきょくがあり, 同じきょくどうし(NきょくとNきょく, SきょくとSきょく)はしりぞけ合い, ちがうきょくどうし(NきょくとSきょく)は引き合うせいしつがあります。

国語

1 ❶ゆみや ❷おとうと
❸ちゅうしょく ❹かいが
❺さっか ❻こうつう

2 ❶計算・強い ❷銀行・帰る

1 ❶注意・受ける
❷温度・調べる
❸農作物・出荷

2 ❶明ける・空ける ❷新・親

1 ❶野さい ❷早く ❸こらっ
❹わくわく

2 ❶すいすい ❷時計
❸ところが ❹広い

1 ❶イ ❷イ ❸ア

2 ❶オ ❷イ ❸エ ❹ウ

1 (1)自動車（じどうしゃ） (2)(れい)しかし
(3)コンクリートのゆかを歩きま
わる小さなタイヤの音や，夜
中に，自分たちのそばでかわ
いらしいラッパのいびきをか
いている小さな自動車

1 (1)ところが
(2)じまんしていました
(3)世間（せけん）には品物（しなもの）も多いが，おれ
ほど角のあるものはあるまい，
角にかけてはおれが一番だ

1 (1)息（いき）をする・においをかぐ・道
具（どうぐ）としても
(2)それは海を～うつったという
わけだ。

≫考え方 (2)文末に「～からだ」や「～わけ
だ」とある文に，理由（りゆう）が書いてあるとわか
ります。

1 (1)学問上（がくもん）で使（つか）われる名前で，世
界（せかい）のどの国でも通じるもの
(2)赤色 (3)タンチョウ（丹頂（たんちょう））

≫考え方 (3)「タンチョウヅルと呼（よ）ぶのはま
ちがいです」とあるので，「タンチョウヅ
ル」ではありません。

1 ❶りょこう ❷りょうしん
❸いんりょく ❹あおば

2 ❶写真・写す
❷落書き・落とす
❸習字・習う ❹薬局・薬

86　漢字の読み書き ④　　86ページ

1　①具合・病院
　　②春夏秋冬　③登る

2　①②③④高(たか)・軽(かる)・
　　速(はや)・暗(くら)(順不同)

87　国語辞典の使い方　　87ページ

1　①(右から)１・３・２
　　②(右から)２・３・１

2　①さわやか　②赤い
　　③楽しい　④ふる
　　⑤こめる　⑥のどか

88　部　首　　88ページ

1　①エ　②オ　③ア　④カ
　　⑤ウ　⑥イ

≫≫考え方 「欠」は，口を開けしめする動作を表し，「飲」「歌」などの漢字で用いられています。

2　①言・ごんべん
　　②糸・いとへん
　　③阝・こざとへん
　　④イ・にんべん

89　詩を読む ①　　89ページ

1　(1)(れい)・お月様が何をしているか。・お星様が何をしているか。
　　(2)何も言わない
　　(3)エ

90　詩を読む ②　　90ページ

1　(1)(いなかの)おばあさん　(2)イ

91　文の組み立て ①　　91ページ

1　①カ・ア・ウ・オ
　　②エ・キ

2　①(右から)３・１・２
　　②(右から)２・４・１・３

≫≫考え方 「何が(だれが)―どうする(どんなだ)」を表す言葉と，「何を，どのように」などを表す言葉が，どのようにつながって文を作っているのかをたしかめておきましょう。

92　文の組み立て ②　　92ページ

1　①ア・イ　②ア・ア・イ

2　①ア　②ウ・エ　③イ　④オ

≫≫考え方 様子や動作などを表す言葉は，よく出ます。それぞれをまちがえて理かいしないように注意しましょう。

93　言葉の意味 ①　　93ページ

1　①ウ　②ア　③エ　④イ　⑤オ

2　①答えが出る
　　②水になる
　　③先に取ること
　　④えらばれて出る人

≫≫考え方 ふだんの生活で使わない言葉も習います。同じ言葉でも，たくさん意味がある言葉もあります。国語辞典でさがしてみましょう。

94　言葉の意味 ②　　94ページ

1　①ア　②イ

2　①エ　②イ　③ア　④ウ

126

⑮95 漢字の読み書き ⑤　95ページ

1 ❶なかにわ　❷こうてい
❸つか(える)　❹しく(み)
❺さかや　❻(うめ)しゅ
❼ひょうし　❽あらわ(す)

2 ❶屋上・着く　❷野球・始める
❸主・返す

96 漢字の読み書き ⑥　96ページ

1 ❶生活・役立つ　❷日記・題名
❸写真・感動　❹番組・放送

2 ❶ゆうえんち　❷じゅうばこ
❸わだい　❹ちょうり

97 ローマ字 ①　97ページ

1 ❶あめ　❷かき　❸もり
❹きもの　❺めがね

2 a・u・s・r・n

98 ローマ字 ②　98ページ

1 ❶kingyo　❷taisô
❸densya(densha)
❹okâsan　❺gakkô

2 ❶kôsaku　❷ningyô
❸happyô　❹syuppatu
❺zidôsya

99 こそあど言葉　99ページ

1 ❶その・どの
❷あそこ・あれ・あんな

考え方 こそあど言葉は，ものごとや場所，方向などを指ししめすはたらきをする言葉です。

100 つなぎ言葉　100ページ

1 ❶けれど　❷ので　❸ながら

2 ❶と　❷し　❸が
❹たり　❺ても(たが)

101 物語を読む ③　101ページ

1 (1)(木→)小川(→)麦畑(→)がけっぷち(→じゃがいも畑)
(2)(１ぴきの)ちょう(ちょうちょう)
(3)木の花(のにおい)

考え方 (1)風が流れていったところを順番にさがしましょう。

102 物語を読む ④　102ページ

1 (1)1　(2)悲しく

考え方 (1)2の段落で「おじょうちゃん」の顔つきや服の様子などを説明しています。だから，「おじょうちゃん」が来たことはその前に入ります。

103 説明文を読む ③　103ページ

1 (1)ウォズニアックがつくったコンピュータの一号機「アップルⅠ」を，ジョブスの家のガレージで売ろう，ということでできた(会社だった)　(2)ウ

考え方 (1)「あれ」は遠くにあるものを，「どれ」ははっきりしないものを指す場合に用いる言葉です。

⑩⑭ 説明文を読む ④　　104ページ

1 (1)① (2)イ

≫考え方 (1)「そして秋が深まってくると」とあるので，その前には，「夏」に行われるできごとが書いてあります。

⑩⑤ 慣用句・ことわざ ①　　105ページ

1 ❶イ ❷エ ❸ア ❹ウ

2 ❶持てあます ❷関係をたつ
❸いいかげんにする
❹うっかりだまされる

⑩⑥ 慣用句・ことわざ ②　　106ページ

1 ❶イ ❷エ ❸ウ ❹ア

2 ❶ウ ❷ア ❸イ ❹エ

⑩⑦ 作　文 ①　　107ページ

1 イ

≫考え方 正月にあまり関係のないことは書かなくてもよいです。

2 (れい)(前後の足の)指の数・のど・耳

⑩⑧ 作　文 ②　　108ページ

1 (1)いたずら・兵十にくりやまつたけを持っていった

(2)・ごんはいたずらばかりして，悪いきつねだと思っていました。

・兵十がそれに気づかずに，ごんをうってしまったのは悲しかったです。

2 (1)(れい)すっかり日がくれてしまった。

(2)(れい)ぼくは大きくなったら，サッカーせん手になろうと決心した。

≫考え方 文の意味がわかるものなら正かいです。できれば，一つではなく二つ，三つと作ってみましょう。

⑩⑨ 物語を読む ⑤　　109ページ

1 (1)植物のことなら何一つ知らないことはないというほどえらい学者

(2)(ただ一つ)おしいこと

(3)さくらの花

≫考え方 指ししめすことがらは，ふつう，こそあど言葉の前にあります。まず，すぐ前をさがしましょう。すぐ前に見つからなかったら，さらに前にもどってさがしましょう。

⑩⑩ 説明文を読む ⑤　　110ページ

1 (1)(土地の神さまとして)自然を支配する力・稲の実りなどにもえいきょうをおよぼす力

(2)ア (3)耳

≫考え方 (2)「つまり」というつなぎ言葉は，前にのべたことをまとめたり，説明したりするときに使います。ここでは，「村人にとって何より気がかりなこと」とはどういうものであるかを，あとで説明しています。